Der Autor

Thomas Berthold, Jahrgang 1932, entschied sich nach Abschluß seines mehrfach unterbrochenen Jurastudiums für den Einstieg in eine Laufbahn des höheren Dienstes, die er 35 Jahre später weitgehend desillusioniert, aber völlig planmäßig mit seiner Pensionierung verließ. Nach Abschluß des vorliegenden Werkes verschwand er in einem Kloster bei Colombo, wo er sein Karma so zu verbessern hofft, daß er im nächsten Leben auf keinen Fall als Beamter wiedergeboren wird.

Der Illustrator

Reiner Schwalme wurde 1937 in Berlin geboren, wo er noch heute lebt und arbeitet. Zu Zeiten der noch existierenden DDR beteiligte sich Schwalme an vielen internationalen Ausstellungen, von Japan über die Sowjetunion bis nach Kanada. Nach der Wiedervereinigung gelang es Schwalme, auch bundesdeutsche Verlage für sein Schaffen zu interessieren: bei Tomus entstanden mehrere satirische Bücher mit seinen Zeichnungen, bei rororo tomate ist er u.a. in dem Band «Die Wahrheit über die Ossis» (rororo 12994) vertreten. Ein Leben als freier Karikaturist erschien ihm verlockender als das Dasein eines Beamten. Auch das muß es geben.

Thomas Berthold

Das endgültige Beamten-Handbuch

Von A wie Amtseid bis Z wie Zahnersatz

Mit Cartoons von Reiner Schwalme

rororo
Rowohlt

rororo tomate
herausgegeben von Klaus Waller

Originalausgabe
Veröffentlicht im Rowohlt Taschenbuch Verlag GmbH,
Reinbek bei Hamburg, Februar 1992

Umschlaggestaltung Barbara Hanke
Umschlagillustration Reiner Schwalme
Satz Meridien (Linotronic 500)
Gesamtherstellung Clausen & Bosse, Leck
Printed in Germany
780-ISBN 3 499 13023 8

Beamte –
Die Korsettstange unserer Gesellschaft

Ein notwendiges Vorwort

Keine andere Gruppe in unserem wiedervereinigten Deutschland wird derart hämisch, niederträchtig und gemein verleumdet wie die Beamten.

Beamte, heißt es regelmäßig, arbeiten nicht, seien unproduktiv und bekämen dafür auch noch viel zu viel Gehalt. Selbstverständlich weiß es der Insider besser.

Kein denkender Mensch kann von einem Beamten *Arbeit* erwarten, denn dessen Aufgabe besteht zu allererst einmal darin, das ihm übertragene Amt pflichtgemäß und unparteiisch im Rahmen der Gesetze, Verordnungen und Vorschriften auszuüben.

Arbeit im vordergründigen Sinne dieses häßlichen Wortes ist dabei durchaus nicht intendiert, zum Kummer vieler Beamter hat sie sich vielfach dennoch, über Wörter wie *Sachbearbeiter, Arbeitszeit, Arbeitsplatz* ins Berufsbild geschlichen. Viele Kenner der Materie halten das für eine gefährliche Aufweichung des Beamtenrechts. Richtiger wären dafür Begriffe wie *Sachdienlicher, Dienstzeit, Dienstplatz*.

Unproduktiv sind die Beamten deshalb aber keineswegs. Im Gegenteil, sie sind auf ihre Weise höchst produktiv. Sie produzieren, häufig schon durch ihre bloße Anwesenheit, das hochwertigste Gut, ohne das alle andere Produktion unmöglich oder sinnlos wäre: Sie produzieren Ordnung.

Die Vorstellung, unsere Beamten würden für ihre *Arbeit* zu hoch entlohnt, ist deshalb gleichfalls absurd. Weil *Arbeit* durchaus nicht regelmäßig zu ihren Amtspflichten gehört, werden sie keineswegs *dafür entlohnt*, sondern sie erhalten vielmehr jene (immer zu geringen) Dienstbezüge, die mit einem Amt verbunden sind, in das man sie berufen hat. Diese *Besoldung* soll es dem Beamten ermöglichen, sich mit all seiner Kraft voll und ganz auf sein Amt zu konzentrieren, ohne sich Sorgen um seinen Lebensunterhalt machen zu müssen.

Beklagenswerterweise hat die Besoldung der Beamten mit der allgemeinen Entwicklung der Lebenskosten nicht Schritt gehalten, was zu einer bedauerlichen Entwicklung geführt hat. Ein verheirateter Staatssekretär mit einem Kind kommt heutzutage mit rund zehntausend Mark brutto genausowenig über die Runden wie ein Polizeiobermeister mit seinen knapp viertausend. Schon waren Staatssekretäre gezwungen, sich im Austausch für Staatsgeheimnisse von anderen Staaten zusätzlich besolden zu lassen. Polizisten können es sich vielfach nicht mehr erlauben, sichergestelltes Diebesgut seinen Eigentümern zurückzugeben, sondern müssen es ihrerseits an Hehler verkaufen, damit die eigene Familie nicht verhungert. Studienräte erschöpfen nach Schulschluß ihre verbliebene Kraft durch Nachhilfeunterricht derart, daß sie gezwungen sind, aus gesundheitlichen Gründen vorzeitig um ihre Pensionierung zu bitten. Schon gibt es Bauräte, die sonntags zu Hause am Frühstückstisch jene Entwürfe anfertigen müssen, die sie am Montag in ihrer Dienststelle genehmigen, und all diese Entwicklungen erscheinen im höchsten Grade gefährlich, denn sie bedrohen letztlich den Bestand unseres demokratischen Rechtsstaats, der ohne den seines Amtes bewußten deutschen Berufsbeamten niemals zu seiner im Ausland neidisch bewunderten Blüte gelangt wäre.

In dieser schwierigen Situation ist es erforderlich, nicht nur den (noch) nicht verbeamteten Bürgern bewußt zu machen, was Beamte eigentlich sind und was ihnen jeder verdankt, sondern es gilt, das inzwischen erheblich gefährdete Selbstwertgefühl der Beamten wieder zu festigen, die sich vielfach ihrer Unersetzlichkeit bei der Erfüllung hoheitlicher Aufgaben nicht mehr bewußt sind, von ihren sogar von der Verfassung garantierten Beamtenrechten ganz zu schweigen.

Thomas Berthold, Bonn und Berlin

Information

A

Abgeordnete

Obwohl kein Gesetz ausdrücklich verlangt, daß nur Beamte in Parlamente, Landtage und Gemeinderäte gewählt werden können, sind sie dort wesentlich zahlreicher vertreten, als es dem Anteil der Beamten an der Gesamtbevölkerung entspricht. Diese Tatsache wird von völlig sachunkundigen Gegnern des Beamtenstandes immer wieder mißbraucht, den Beamten etwas am Zeuge zu flicken. Spitzfindig behaupten sie, der Grundsatz der Gewaltentrennung zwischen Gesetzgebung, Verwaltung und Jurisprudenz würde dadurch ad absurdum geführt, daß Beamte jene Gesetze, die Grundlage ihres Handelns sind, selbst beschlössen, und letztlich, da schließlich auch die Richter Beamte sind, über die Rechtmäßigkeit ihres eigenen Handelns befänden. Kurz und knapp: sie behaupten, daß alle Macht im Staate keineswegs vom Volk ausgehe, sondern von den Beamten.

Eine solche verzerrte Sicht auf die Realitäten verkennt das Wesen des Beamten. Gewiß, die von fähigen Ministerialbeamten vorbereiteten und von fähigen Abgeordneten beschlossenen Beamtengesetze fördern durch vielfältige Vorschriften wie Beurlaubung für Wahlkämpfe und Wahrnehmung von Mandaten die politische Betätigung der Beamten, aber das geschieht nicht etwa zu ihrem Nutzen, sondern zum Nutzen des ganzen Volkes.

Gerade weil sie fest im Boden der demokratischen Grundordnung verankert sein müssen, empfiehlt sich für Beamte nicht nur die Mitgliedschaft in einer politischen Partei, sondern sie ist vielfach sogar Voraussetzung für ihren Aufstieg im Beruf. Da jedoch auch im öffentlichen Dienst Chancengleichheit angestrebt wird, müssen die politisch besonders begabten und befähigten Beamten zumindest für einige Zeit aus ihren Behörden entfernt werden, damit auch der eine oder andere Beamte ohne Parteibuch Aufstiegschancen bekommt. Diese vorübergehende Entfernung geschieht am zweckmäßigsten, wenn sich die politisch hochbegabten Beamten um ein politisches Mandat bewerben. Dieses Bestreben wird dadurch gefördert, daß sie nach Ablauf ihres Mandats nicht nur in ihre Behörde zurückkehren können, sondern dort so schnell in besser besoldete Ämter befördert werden, wie es der Fall gewesen wäre, hätten sie kein Mandat errungen und wahrgenommen. Das reduziert die weiteren Aufstiegschancen parteiloser Beamter allerdings geringfügig, aber der Nutzen der Begünstigung der Beamten beim Kampf um Abgeordnetenmandate ist unverkennbar: Wer könnte das Volk in seinen gesetzgebenden Organen besser vertreten als jene, die sogar geschworen haben, alle Gesetze zu wahren und ihre Amtspflichten gewissenhaft zu erfüllen?

Die Erfahrung lehrt: Ein Abgeordnetenmandat ist das unverzichtbare zweite Bein jeder Beamtenkarriere.

Abordnung

Ein Beamter kann vorübergehend zu einer seinem Amte entsprechenden Tätigkeit in eine andere Dienststelle abgeordnet werden, doch diese nach § 27 des Bundesbeamtengesetzes gegebene Möglichkeit hat ihre Grenzen: Die *Abordnung* zu einem anderen Dienstherrn bedarf der Zustimmung des Beamten, wenn sie die Dauer eines Jahres übersteigt. Da ein Beamter aber schon für die Einarbeitung in ein neues Aufgabengebiet mindestens ein Jahr benötigt, ist eine Abordnung für eine kürzere Zeit nicht sinnvoll. Dies schränkt die Möglichkeit, erfahrene alte Beamte ohne deren Einverständnis in den unerfahrenen neuen Bundesländern einzusetzen, erheblich ein. Durch → *Buschgeld* sowie Beförderungsversprechen versucht man, die Bereitschaft der Beamten zum Einsatz in den 45 Jahre lang von Nichtbeamten heruntergewirtschafteten Ostprovinzen zu fördern und hat dabei verhältnismäßig wenig Erfolg: deutsche Beamte sind nun einmal nicht käuflich.

Die Erfahrung lehrt: Besser in A10 in Wiesbaden als in A12 mit Zulage in Hoyerswerder.

Akten

Eine *Akte* ist schlicht und einfach eine Sammlung von eine bestimmte Angelegenheit betreffenden Schreiben, Notizen, Berechnungen usw., die in Schnellheftern bzw. Aktenordnern in chronologischer Reihenfolge abgeheftet werden, um sie in einem Aktenschrank aufzubewahren. Diese Sammlung hat vielfältige Aufgaben zu erfüllen. Da sich kein Beamter an alle Angelegenheiten erinnern kann, mit denen er sich zu beschäftigen gezwungen war, ist die Akte für ihn Gedächtnisstütze. Da der mit einer Angelegenheit befaßte Beamte oft dienstunfähig, beurlaubt oder sonstwie an der Wahrnehmung seiner Dienstgeschäfte gehindert ist, kann sich sein Vertreter an Hand der Akte schnell ein Bild über die in ihr dokumentierten Vorgänge machen. Er kann entscheiden, ob die Angelegenheit bis zur Rückkehr des zuständigen Beamten ruhen kann oder sofort bearbeitet werden muß. In letzterem Falle wird bei komplizierter Aktenlage auch der Vertreter des Dienstunfähigen dienstunfähig, was dem Bürger dient, der auf diese Weise vor einer Fehlentscheidung geschützt wird. Zusätzlich dienen Akten noch der lückenlosen Dokumentation des Handelns oder Nichthandelns einer Behörde. Vorgesetzte Behörden oder Gerichte können sich an Hand der Akten jederzeit ein Bild vom Handeln oder Nichthandeln einer Behörde, d. h. der in ihr tätigen bzw. untätigen Beamten machen. Dies macht Akten für jeden Beamten ungemein wichtig. Sie sind *in jedem Falle* wichtiger als Menschen und deren Angelegenheiten. Menschen können umziehen, verschwinden oder sterben. Akten aber werden immer aufbewahrt, manche sogar bis in alle Ewigkeit.

Die Erfahrung lehrt: Eine Allergie gegen Aktenstaub ist ein sicherer Weg in den vorzeitigen Ruhestand.

Aktentasche

Behälter, mit dem Beamtinnen und Beamte alle möglichen und vorstellbaren Gegenstände zwischen Wohnung und Dienststelle hin und her transportieren, aber sehr selten → *Akten*, die gewöhnlich meist so dickleibig sind, daß sie in einer normalen *Aktentasche* keinen Platz haben. Gewöhnlich dient die Aktentasche zum Transport des Frühstücksbrotes, das auch Beamte meist dem Kantinenessen vorziehen, sofern sie sich ihre Dienstfähigkeit pflichtgemäß lange erhalten wollen.

Alimentationsprinzip

Eine der zentralen, wenn nicht die zentralste Besonderheit des Beamtenverhältnisses ist, daß der Beamte eben *nicht* für seine Arbeitsleistung besoldet wird, sondern daß es sich um ein besonderes Dienst- und Treueverhältnis handelt, bei dem beide Seiten Rechte und Pflichten haben. Als Gegenleistung für die Dienst- und → *Treuepflicht* des Beamten schuldet ihm sein Dienstherr im Rahmen dessen → *Fürsorgepflicht* den der Bedeutung des Amtes entsprechenden Unterhalt. Ein Grundgehalt soll für die allgemeinen Lebensbedürfnisse des Beamten sorgen. Der → *Ortszuschlag* soll ihm die Anmietung einer Wohnung ermöglichen. Kinderzuschläge sollen dem Beamten helfen, die Nachhilfestunden für seinen Nachwuchs zu bezahlen. Im Krankheitsfalle bezahlt der Dienstherr dem Beamten und seinen Familienangehörigen die Hälfte der Arzt- und Arzneikosten. Wenn der Beamte dienstunfähig wird, erhält er Versorgungsbezüge, die nach seinem Tode an Witwen und Waisen gezahlt werden. Aus diesem Grunde sind Beamte nicht sozialversicherungspflichtig.

Wer erst einmal Beamter auf Lebenszeit ist, kann sich so lange als (auf ziemlich niedrigem Niveau) versorgt betrachten, wie er keine Dienstpflichtverletzungen begeht. Da der Umfang dieser → *Versorgung* von der

Leistung des Beamten völlig unabhängig ist und sich nur nach dem jeweiligen Amt richtet sowie, in geringem Umfang, nach der Zeit, die er es schon innehat, kann kein Beamter durch noch so viel Leistung eine Erhöhung seiner Dienstbezüge erreichen. Sie ist nur auf dem Wege der → *Beförderung* in ein höher bewertetes Amt möglich, was den Beamten nicht zur Leistung motiviert, sondern zum Streben nach Beförderung.

Die Erfahrung lehrt: Leistung, die nicht zu besserer Bezahlung führt, ist in einer Leistungsgesellschaft Schwachsinn.

Amtsarzt

Wie Arbeitgeber und Krankenkassen mißtraut auch der Staat den frei praktizierenden Ärzten. Der *Amtsarzt* ist sozusagen der Vertrauensarzt des Dienstherrn, der u. a. bei allen mit dem Gesundheitszustand des Beamten zusammenhängenden Angelegenheiten zu Rate gezogen wird. Der Amtsarzt untersucht den Beamtenanwärter vor dessen Einstellung, er untersucht ihn vor der Ernennung zum Beamten auf Lebenszeit. Er untersucht ihn, wenn er einen Antrag auf Genehmigung einer Kur stellt oder wenn er längere Zeit durch Krankheit dienstunfähig ist. In letzterem Falle, das macht den Amtsarzt besonders wichtig, kann er zur Ansicht gelangen, daß der Beamte dauernd dienstunfähig sein dürfte, was dessen vorzeitige Versetzung in den → *Ruhestand* erforderlich macht. Besonderen Respekt verdient der Amtsarzt auch für seinen Beitrag zur Förderung der Volksgesundheit, den er dadurch leistet, daß er *grundsätzlich nicht* behandelt, sondern nur untersucht.

Amtsbezeichnung

Die *Amtsbezeichnung* gibt über die Stellung des Beamten in der → *Hierarchie* seines Dienstherren Auskunft, nach der sich seine Dienstbezüge sowie die Anweisungs- bzw. Folgeleistungspflicht richten. Obgleich es noch immer in süddeutschen Kleinstädten üblich ist, daß die Frau des Inspektors der Gattin des Oberinspektors im Supermarkt den Vortritt läßt, ist die Bedeutung der Amtsbezeichnung außerhalb der Behörde nur noch sehr gering, und zumindest die Amtsbezeichnungen der Besoldungsgruppen A haben in Deutschland ihre Bedeutung als Status-Symbol weitgehend verloren. Das ist weniger eine Folge der Demokratisierung als der Titelinflation. Vor dreißig Jahren war der Leiter des Sozialamtes einer kleinen Gemeide vielfach noch ein Hauptsekretär. Heute ist schon der *Sachbearbeiter* an der Publikumsfront häufig ein Amtmann, der manchmal verflucht, daß er nicht in → *Österreich* Beamter sein kann, wo die → *Titel* auch heute noch mehr Bedeutung haben und es überdies viel schöner klingende gibt als in Deutschland.

Amtseid

Jeder Deutsche, der ins Beamtenverhältnis berufen wird, muß schwören, daß er das Grundgesetz sowie alle anderen deutschen Gesetze wahren und seine Amtspflichten gewissenhaft erfüllen wird. Ob ihm Gott dabei helfen soll oder nicht, ist eine der wenigen Angelegenheiten, in denen ein Beamter wirklich frei entscheiden kann. Bei Ausländern, die derzeit noch nur in Ausnahmefällen Beamte werden können, kann auf die Ableistung des Eides verzichtet werden. Im Hinblick auf die niedrigen Dienstbezüge der Beamten wird der *Amtseid* von ihnen auch «Gelübde lebenslänglicher Armut» genannt.

Die Erfahrung lehrt: Du sollst nicht schwören.

Amtshandlung

Bezeichnung für eine dienstliche Tätigkeit eines Beamten; im Regelfalle das Ergebnis eines qualifizierten Denkprozesses, gewöhnlich eine → *Entscheidung.* Das Beamtenrecht verlangt vom Beamten nicht, daß er Amtshandlungen gegen sich selbst oder Angehörige vornimmt. Ein nach der Feier aus Anlaß seiner → *Beförderung* betrunken das Kraftfahrzeug benutzender und damit einen Baum fällender Polizeibeamter braucht sich keineswegs selbst den Führerschein abzunehmen, wenn ihm am nächsten Morgen dieser Verstoß gegen das Recht bewußt wird. Hat allerdings ein bei der Beförderung des Beamten übergangener Kollege diesen Sachverhalt bemerkt, muß er tätig werden und eine Kettenreaktion von Amtshandlungen auslösen, die in der Entfernung des alkoholisierten Polizisten aus dem Dienst enden kann. Ein nicht verbeamteter Bürger bekommt den Führerschein für einige Zeit weggenommen, vielleicht eine Geld- bzw. sehr kurze Haftstrafe und muß den Baum bezahlen. Der Polizeibeamte verliert wegen derselben Tat seine Existenz. Und da wagen es → *Neider, giftgrüne,* Beamte für bevorrechtigt zu halten. Das genaue Gegenteil ist der Fall!

Arzt, im Beamtenverhältnis

Sofern er nicht → *Amtsarzt* ist, sondern in einem Krankenhaus oder als Notarzt die Berufung ins Beamtenverhältnis zuließ, fällt es schwer, seinen Diagnosen zu trauen; die Besoldung nach A13 oder A14 entspricht der eines Realschullehrers bzw. -schulleiters, was selbst Kritikern des Ärztestandes unvertretbar erscheint; → *Lehrer* entscheiden nur über die Zensuren von Kindern, denen in einer kinderfeindlichen Gesellschaft kein hoher Stellenwert beigemessen wird. Ärzte aber entscheiden über Leben und Tod. Die schlechte Bezahlung der von Gemeinden angestellten oder ins Beamtenverhältnis berufenen Ärzte dürfte dazu beitragen, daß es an zahlreichen Orten besser ist, auf der Straße überfahren als im städtischen Krankenhaus behandelt zu werden.

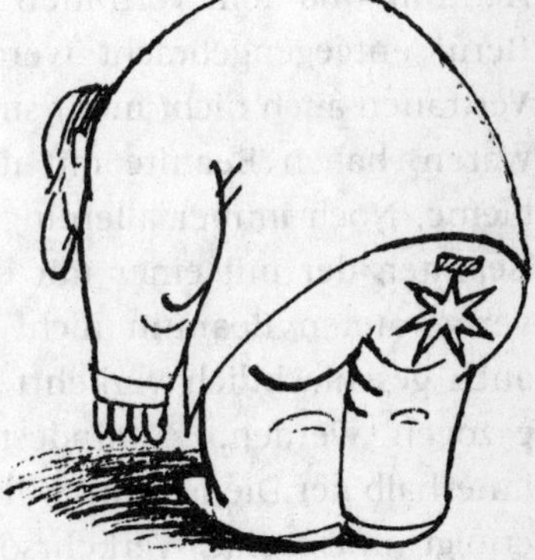

B

Beamtenpflichten, allgemeine

Die Pflichten des Beamten sind derart vielschichtig und umfassend, daß hier nur die wichtigsten erläutert werden können. Er soll dem ganzen Volk dienen und nicht einer Partei, was schon deshalb nicht einfach ist, weil die Parteien bei Einstellungen und → *Beförderungen* im öffentlichen Dienst durchaus nicht ohne Einflußmöglichkeiten sind.

Der Beamte muß sich *mit voller Hingabe* seinem Beruf widmen, was konservative verheiratete Beamtinnen regelmäßig in eine Konfliktsituation bringt, weil ihre volle Hingabe nicht so sehr dem Dienstherren als dem Ehemann gebührt. Innerhalb und außerhalb des Dienstes muß sich der Beamte so benehmen, daß er der Achtung und dem Vertrauen gerecht wird, die seinem Beruf entgegengebracht werden. Weil Achtung und Vertrauen auch nicht mehr sind, was sie früher einmal waren, haben Beamte mit dieser Pflicht wenig Probleme. Noch immer allerdings kann ein verheirateter Beamter, der mit einer mit einem anderen Beamten verheirateten Beamtin nicht nur dienstlich, sondern auch geschlechtlich verkehrt, dafür zur Rechenschaft gezogen werden. Zumindest wenn dieser Verkehr innerhalb der Dienststelle während der *Verkehrsstunden* erfolgt und beide Verkehrsopfer der falschen politischen Partei angehören, können sie eine *Disziplinarstrafe* deswegen aufgebrummt bekommen.

Die drückendste aller Beamtenpflichten besteht dennoch im Verhältnis zu → *Vorgesetzten*. Hier bestimmt das Gesetz eindeutig, daß der Beamte die Anweisungen und Anordnungen seiner Vorgesetzten zu befolgen hat – gleichzeitig aber macht es dem Beamten zur Pflicht, diese seine Vorgesetzten zu beraten. Damit trägt das Gesetz zweifelsfrei dem Umstand Rechnung, daß viele Vorgesetzte zwar sehr gut anordnen können, aber bedauerlicherweise nicht wissen, was anzuordnen ist, weshalb der Adressat einer Anordnung verpflichtet wird, dem Anordnenden bei der Gestaltung seiner Anordnung behilflich zu sein. Natürlich würde kein Beamter die → *Unfähigkeit* eines Vorgesetzten für sich ausnutzen wollen, weil er ihn dafür viel zu sehr respektiert. Ihm aber noch helfen zu müssen, Schwächen zu vertuschen, ärgert viele, zumal sich jeder Beamte als wesentlich befähigter für das Amt des Vorgesetzten erachtet, als dieser ist.

Beamtentarife

Mit Recht gehen viele Versicherungen davon aus, daß Beamte einfach die besseren Menschen sind, die sich im Leben (besonders im Straßenverkehr) um- und vor allem vorsichtiger verhalten als Nichtbeamte. Deshalb gibt es für sie bei zahlreichen Versicherungen *Beamtentarife*, die dem Umstand gerecht zu werden versuchen, daß der einzelne Beamte außerhalb des Dienstes vergleichsweise wenig Schaden anrichtet. Wenn der Beamte für sich und seine Familie eine private Krankenversicherung abschließt, braucht diese nur die Hälfte des Risikos abzudecken, weil die andere Hälfte durch die → *Beihilfe* des Dienstherrn aufgefangen wird.

Beamtenversorgung

Wie die Vergütung des Beamten ist auch seine → *Versorgung* viel zu gering. Nach Erreichen des fünfundsechzigsten Lebensjahres bzw. im Falle vorzeitiger → *Dienstunfähigkeit* erhält der Beamte auf Lebenszeit vom Dienstherrn *Versorgungsbezüge*, deren Höhe in einem höchst komplizierten, nur wenigen Spezialisten unter den Beamten verständlichen Verfahren errechnet wird. Die höchstmögliche Pension von 75 % der letzten Dienstbezüge hat ein Beamter derzeit noch nach fünfunddreißig Dienstjahren (einschließlich anerkannter Ausbildungszeiten) erreicht. Im Zuge der Rentenreform benötigen jetzt noch junge Beamte dafür künftig vierzig Dienstjahre, was sie erheblich verärgert, zumal Pensionen (im Gegensatz zu Altersrenten aus der Angestelltenversicherung oder von der Landesversicherungsanstalt) auch noch – abgesehen von einem symbolischen Freibetrag – voll der Einkommensteuerpflicht unterliegen. Der Abbau des sozialen Netzes unseres Staates macht auch vor seinen treuesten Dienern keinesfalls halt, was viele Beamte derart betrübt, daß sie wegen Depressionen dienstunfähig werden und sich um vorzeitige Versetzung in den → *Ruhestand* bemühen müssen. Nach Erreichen dieses Ziels können sie ihre *Versorgungslücke* durch Tätigkeit in der freien Wirtschaft schließen. Früher waren Beamte wegen dieser Sicherheit als Ehegatte besonders gefragt. Im Hinblick auf die

→ *Verbeamtung, allgemeine, der Gesellschaft* durch → *Kündigungsschutz* und die viel zu gering bemessenen Beamtenbezüge bevorzugen heute attraktive Frauen den Manager oder selbständigen Geschäftsmann als Heiratskandidaten, selbst wenn sich ein Vollzugsbeamter des mittleren Dienstes um ihre Gunst bemühen sollte.

Die Erfahrung lehrt: Eine angemessene Beamtenversorgung bekommt nur, wer vorzeitig pensioniert in der Wirtschaft arbeitet.

Bedarfsdeckungsprinzip

Im Gegensatz zum Staatsbürger, der nur so viel → *Geld* ausgeben kann, wie er einnimmt, macht es der Staat in seinen Haushaltsplänen genau umgekehrt. Er stellt seinen Finanzbedarf fest und deckt ihn durch entsprechende Steuer- und Abgabensätze. Vielen Beamten ist diese Praxis des Staates so in Fleisch und Blut übergegangen, daß sie ihr auch im Privatleben nacheifern wollen, was anfangs wenig Schwierigkeiten bereitet. Beamte auf Lebenszeit gelten als die sichersten Schuldner überhaupt, weshalb sie sehr lange Zeit durch Darlehen und → *Kredite* sehr hohe Schuldenberge auftürmen können. Zu ihrem großen Kummer sind Dienst- und Versorgungsbezüge jedoch wie jedes andere Einkommen pfändbar, was einmal mehr beweist, wie wenig treu sich der Staat gegenüber seinen Beamten zeigt, von denen er (wie viele Ehemänner) Treue immer nur erwartet, aber deswegen keinesfalls selber zu liefern bereit ist...

Beförderung

Mit der Berufung ins Beamtenverhältnis bekommt der Beamte nicht nur eine Urkunde darüber, sondern auch ein Amt. Im Normalfall ist dieses das →*Eingangsamt* der jeweiligen →*Laufbahn*. Mit diesem Amt sind die →*Amtsbezeichnung* des Beamten und seine *Dienstbezüge* verbunden. Eine *Beförderung* ist die Verleihung eines anderen, höher bewerteten Amtes mit anderer Amtsbezeichnung und anderen Dienstbezügen, über die der Beamte erneut eine Urkunde erhält. Da sich die Leistung eines Beamten, d. h. im wesentlichen die Qualität der von ihm getroffenen →*Entscheidungen*, nicht objektiv messen läßt, erfolgen Beförderungen nach Kriterien, von denen sich allein die Zeit objektiv beurteilen läßt, die ein Beamter ein bestimmtes Amt innehatte. Es gibt Abiturienten, die mit hervorragendem Schulzeugnis (nach ihrem Vorbereitungsdienst) in den *Gehobenen Dienst* berufen wurden und bei Erreichung der Pension noch immer nicht über das Amt eines Oberinspektors hinausgelangten. Es gibt eifrige Hauptschulabsolventen, deren erstes Amt das eines Assistenten war und die in Rekordzeit nicht nur in das höchstmögliche Amt ihrer →*Laufbahn* befördert werden, sondern, im Wege des *Laufbahnwechsels, darüber hinaus*. Auch Beförderungen erfolgen nach →*Ermessen*, für das kennzeichnend ist, daß es immer *pflichtgemäß* und selten nachprüfbar ist.

Beihilfe

Da nicht erwartet werden kann, daß Beamte von ihren höchst geringen Dienstbezügen auch noch die Kosten für ärztliche Behandlung, Medikamente, Heilkuren,

Operationen sowie Krankenhausbehandlungen bezahlen, erhalten sie *Beihilfen,* wenn sie oder unterhaltsberechtigte Familienmitglieder solche Unbilden des Schicksals treffen. Wie bei den Dienstbezügen zahlt der Dienstherr auch bei einer Beihilfe viel weniger, als dem Beamten zustände. Bei den Kosten ärztlicher Behandlung übernimmt er die Hälfte. Im Zuge des Abbaus der Sozialleistungen wird auch diese Hälfte durch raffinierte Kunstgriffe ständig abgebaut. Längst hat jeder intelligente Beamte eine Krankenversicherung abgeschlossen, die ihre Leistungen allerdings gleichfalls ständig reduziert.

Die Erfahrung lehrt: Alle drei Jahre eine ambulante Heilkur ist Voraussetzung für Leistungsfähigkeit nach der Pensionierung.

Berlin, als Bundeshauptstadt

ist eine der unvermeidlichen Folgen der Wiedervereinigung Deutschlands, die zahlreiche Dienstreiseanträge, Anträge auf Erstattung von Reisekosten, Trennungs- und Umzugskosten sowie Korrekturen an den Ortsklassen nach sich ziehen dürfte; die in Bonn gezahlten Ortszuschläge sind der neuen Hauptstadt wegen der dortigen Grundstücks- und Mietpreise nicht mehr adäquat.

Die Erfahrung lehrt: Es wäre billiger, den Kudamm und die Gedächtniskirche nach Bonn zu bringen, als Bonn nach Berlin.

Besoldungsordnungen

Bei *Besoldungsordnungen* handelt es sich um Listen der verschiedenen Ämter von *Beamten, Soldaten, → Lehrer, Schulleiter, Richter, Staatsanwälte,* die jeweils einer bestimmten Besoldungsgruppe zugeordnet sind. Nach dieser Besoldungsgruppe werden das Grundgehalt sowie der *→ Ortszuschlag* eines Beamten unter Berücksichtigung seiner Dienstaltersstufe, seines Familienstandes und der Zahl seiner Kinder errechnet.

Bestechung

Da es Beamten verboten ist, in bezug auf ihre dienstliche Tätigkeit Belohnungen oder *→ Geschenke* anzunehmen oder sich solche versprechen zu lassen, kommt *Bestechung* von Beamten in unserem Kulturkreis nur selten vor. Diese Zuverlässigkeit des deutschen Beamten ist die Folge des *→ Alimentationsprinzips.* Wo Beamte nicht, wie in unserem Staate, durch die Besoldung wenigstens *knapp* über die Armutsgrenze gehoben werden, müssen sie sich selbst besolden, was dann in der Regel nach dem *→ Beuteprinzip* geschieht.

Beuteprinzip

In zahlreichen unterentwickelten Ländern erhalten die Staatsdiener ihre Dienstbezüge nicht vom Staat, sondern sie sind gehalten, sie unabhängig von *→ Besoldungsordnungen* nach eigenem Gutdünken vom Staatsbürger zu erheben. Wer z. B. in Mexiko eine Genehmigung benötigt oder, etwa im Straßenverkehr, eine Ordnungswidrigkeit begeht, muß dem Staatsdiener z. B. ein Auto schenken oder zumindest die Miete für drei

Monate bezahlen, was mit einem freien *Rechtsstaat* natürlich unvereinbar wäre. Kritiker am Beamtentum sollten endlich mal bedenken, daß *jede* Kritik an unserem Berufsbeamtentum ein Plädoyer für dessen Alternative ist: für das Beuteprinzip.

Bundesbahn und Bundespost, Deutsche

Im Hinblick darauf, daß jeder auch nur halbwegs intelligente Staatsbürger und Wähler einsieht, wie wichtig es ist, daß der Staat seine Hoheitsträger, z. B. die Strafmandate erteilende Politesse, durch ein Beamtenverhältnis auf Lebenszeit an sich bindet, richten verantwortungslose neidische Gegner der Beamtenschaft ihre Angriffe neuerdings verstärkt auf die Bediensteten der Eisenbahn und Post sowie auf die → *Lehrer*. Wenngleich nicht bestritten werden kann, daß es auf den ersten Blick keinen Unterschied bedeutet, ob ein Brief von einem verbeamteten, verangestellten oder verarbeiterten Briefträger oder, wie immer mehr üblich, überhaupt nicht zugestellt wird, bzw. ob die Verspätung der IC-Züge von Beamten, Angestellten oder Arbeitern bekannt gegeben wird, sieht es schon auf den zweiten Blick völlig anders aus. Beamte sind nun einmal durch ein besonderes Dienst- und Treueverhältnis an den Staat gebunden. Ein Briefträger, der Beamter ist, wirft eine Drucksache viel qualifizierter in den Briefkasten oder die Mülltonne als ein Angestellter. Auch ein verbeamteter Englischlehrer erteilt den Unterricht völlig anders als ein nur als Angestellter beschäftigter solcher, weil Beamte im Gegensatz zu Arbeitern und Angestellten kein → *Streikrecht* haben. Sie können den Staat nicht mit Streikdrohungen erpressen, sondern nur mit der Drohung, → *Dienst nach Vorschrift* zu leisten. Das ist zweifellos qualifizierter, was jeden Eingriff in die verfassungsmäßig granitierten Beamtenrechte als gefährlich erscheinen läßt.

Burr, Aaron

Aaron Burr war der inzwischen verstorbene Chef der Demokratischen Partei der USA, der 1820 in den USA ein Gesetz durchsetzte, mit dem die Dauer öffentlicher Ämter auf vier Jahre begrenzt wurde. Danach konnten Ämter nach jedem Regierungswechsel von der regierenden Partei neu besetzt werden, was zu einer ständigen Fluktuation im öffentlichen Dienst führt, die jene mit dem Beamtenverhältnis auf Lebenszeit verbundene Kontinuität, der wir zuverlässige Verwaltungsapparate verdanken, überhaupt nicht entstehen läßt.

Buschgeld

Da das Beamtenverhältnis im Normalfall *Lebenslänglich* bedeutet, bedarf es sehr genauer Regelungen der Rechte und Pflichten des Beamten. Ein Manager oder Buchhalter in der freien Wirtschaft kann einfach kündigen und anderswo einen besser bezahlten Job annehmen. Der Beamte kann das nicht, weil er im Regelfall nur in seinem Amt zu gebrauchen ist und sonst kaum. Unter diesen Umständen ist es nicht mehr als recht und billig, daß der Dienstherr nicht nach Belieben mit seinen Beamten umspringen kann. Auch wenn man es beim Studium der Beamtengesetze mitunter vergessen könnte – die Leibeigenschaft ist auch für Beamte (weitgehend) abgeschafft. Eine → *Abordnung* oder → *Versetzung* von Beamten ist außerhalb des Bereichs des jeweiligen Dienstherrn nur sehr eingeschränkt möglich, sofern ihr der Beamte nicht zustimmt. Soll der Vorsteher des Finanzamtes Oberursel nun plötzlich in der Äußeren Mongolei, im Hindukusch oder, schlimmer noch, in einem der neuen Bundesländer seinen Dienst verrichten, muß man ihn dort hinzulocken versuchen, was mit Aufwands- und → *Trennungsentschädigungen*, Sonderbeförderungen, Vorteilen bei der Pensionierung usw. versucht wird. Diese sehr begründeten Schmerzensgeldleistungen werden in der Umgangssprache der Beamten als *Buschgeld*, *Wüstenprämie* oder *Dschungelzulage* bezeichnet.

C

Computer

Selbstverständlich kommen auch Beamte längst nicht mehr ohne *Computer* aus. Zur Zeit der Hollerithkarten wurden zwar z. B. Sozialhilfezahlungen von Beamten der Gemeinde vielfach auf Berechnungsformularen per Hand und Kopf errechnet. Die Ergebnisse dieser Berechnungen aber wurden von meist nicht im Beamtenverhältnis befindlichen *Perforatorinnen* (Locherinnen) auf Hollerithkarten übertragen, die im Rechenzentrum durch ein Kartenlesegerät geschickt wurden, von dem aus die Daten zur Zentraleinheit übertragen wurden, die sie an einen Tabellendrucker weiterleitete, der sie auf Formularen ausdruckte, die exakt jenen Berechnungsformularen entsprachen, auf denen die Sozialhilfeleistungen errechnet worden waren. Danach verglichen Beamte die Computer-Listen mit den Berechnungsbögen, bescheinigten deren Übereinstimmung und vernichteten die Bögen, während die Sozialhilfeleistungen an Hand der Listen ausgezahlt wurden. Zwar erforderte dieser Einsatz moderner Datenverarbeitungstechnik eine Vergrößerung des Personalbestandes, da die Zahlungen zuvor direkt nach den Berechnungsbögen geleistet wurden, aber die Gemeindeverwaltungen konnten einmal mehr demonstrieren, daß sie immer voll auf der Höhe der technischen Entwicklung sind.

Selbstverständlich erforderte der Einsatz von Computern überall in staatlichen Behörden die Einrichtungen von EDV-Abteilungen, was anfangs einige Schwierigkeiten verursachte, weil der Leiter der EDV-Abteilung selbstverständlich Beamter sein sollte, Beamte, die vom Dienstalter her für diese verantwortungsvolle Aufgabe geeignet gewesen wären, aber in der Regel über keinerlei Kenntnisse im Bereich der Elektronischen Datenverarbeitung verfügten. Inzwischen beschäftigen nahezu alle Behörden von einiger Bedeutung Informatiker oder arbeiten mit *Rechenzentren* zusammen – in denen vielfach noch immer von Sachbearbeitern errechnete Zahlen weiterverarbeitet werden und nicht errechnet, was eigentlich die Aufgabe des Computers wäre. Richtig angefreundet mit dem Computer haben sich bislang eigentlich nur die Beamten der Finanz- und Polizeibehörden, wenngleich auch sie darunter leiden, daß der Computer allein keine *Ermessensentscheidung* treffen kann, weil er kein Mensch ist.

Erledigt

D

Dienstaufsichtsbeschwerde

In unserem Rechtsstaat ist jedes Handeln einer Behörde, d. h. eines in ihr tätigen Beamten, ein → *Verwaltungsakt*. Gegen ihn sind → *Rechtsmittel* möglich. Fühlt sich ein Bürger nicht durch einen solchen Verwaltungsakt verletzt, sondern durch das unkorrekte, träge, arrogante oder sonstwie von ihm als unangenehm empfundene Verhalten des Beamten, kann er sich über diesen bei der Dienstaufsichtsbehörde beschweren. Der betreffende Beamte muß sich dann zu den Vorwürfen äußern und stellt den Vorwurf richtig, d. h. aus seiner Sicht dar. Der Beschwerdeführer wird dann in der Regel davon in Kenntnis gesetzt, daß seine Beschwerde unbegründet war. Dennoch ist jede Beschwerde höchst wirksam, sofern sie nicht die einzige ist. Wenn über einen Beamten ständig Dienstaufsichtsbeschwerden erhoben werden oder die Aktenschränke in einer übergeordneten Behörde nicht mehr ausreichen, um die vielen Dienstaufsichtsbeschwerden über Beamte einer nachgeordneten Behörde aufzunehmen, beginnen sich → *Vorgesetzte* bzw. übergeordnete Behörden mit dem Gedanken anzufreunden, daß sie möglicherweise *unverzüglich* für Abhilfe sorgen müssen.

Die Erfahrung lehrt: Dienstaufsichtsbeschwerden sind wie Fliegen. Eine schadet selten, zu viele werden lästig.

Dienst nach Vorschrift

Keiner weiß so gut wie Beamte, daß zwischen Gesetzen und Vorschriften einerseits und der Wirklichkeit des Lebens andererseits eine riesige Kluft klafft, die der Beamte durch mehr oder weniger große Geschmeidigkeit bei der Ausübung seines Dienstes zu überbrücken bestrebt ist. Zu Recht halten Sachkundige diesen höchst kreativen Umgang mit Rechtsvorschriften und Dienstanweisungen für eine der Hauptleistungen der Beamtenschaft. Es muß schon sehr viel passieren, bis Beamte diesen wichtigen Beitrag zum Funktionieren des Staates bzw. ihrer Dienststelle verweigern. Sie neigen nur dazu, wenn sie vom Staat bzw. ihrem Dienstherrn schwer enttäuscht oder gar geschädigt werden, z. B. bei unzureichender Besoldung oder unzumutbaren dienstlichen Anforderungen.

Das Beamtenrecht billigt dem Beamten kein → *Streikrecht* zu, und pflichtbewußt, wie sie nun einmal sind, denken die Beamten nicht mal im Traum an die Möglichkeit, dieses Streikverbot zu mißachten, was zweifelsfrei eine *Dienstpflichtverletzung* wäre. Ganz im Gegenteil! Verärgerte Beamte erfüllen ihre Pflichten so genau und buchstabengetreu, daß sie den Staat bzw. ihre Behörde innerhalb kürzester Zeit zum Stillstand bringen. Polizeibeamte können in Justizvollzugsanstalten ähnliche Zustände schaffen wie Fluglotsen bei Beginn der Ferienzeit in den Flughäfen. Das macht den *Dienst nach Vorschrift* zur gefährlichsten Waffe des Beamten: Es ist kaum möglich, den Dienst nach Vorschrift als vorschriftswidrig zu erklären, weil dadurch die Vorschriften in Frage gestellt würden.

Dienstpflichten

Neben den *allgemeinen Beamtenpflichten*, z. B. der Pflicht, sich seinem Beruf mit voller Hingabe zu widmen und der Beratungs- bzw. → *Gehorsamspflicht* hat der Beamte noch weitere Pflichten, die in einer Vielzahl von Vorschriften begründet sind. Beamte dürfen nicht nur keine → *Geschenke* und Belohnungen annehmen, sondern sie dürfen infolge ihrer *Verschwiegenheitspflicht* nicht mal der eigenen Ehefrau glückstrahlend berichten, daß deren früherer Verlobter Sozialhilfe beantragt hat bzw. letzte Nacht bei einem Einbruch erwischt wurde. Wenngleich nirgendwo explizit davon die Rede ist, daß *Arbeit* zu den Dienstpflichten des Beamten gehört, ist aus den Verordnungen über die Arbeitszeit zu schließen, daß der Beamte 38,5 Stunden jeder Woche seine Amtspflichten erfüllen muß – und sogar in Ausnahmefällen (ohne besondere Vergütung!) darüber hinaus. Viele Beamte sind verpflichtet, eine besondere *Dienstkleidung* zu tragen, und wer jetzt etwa auf das im Grundgesetz garantierte Recht auf freie Entfaltung der Persönlichkeit verweisen wollte, käme bei seinem Dienstherrn an die falsche Adresse. Innerhalb besonderer Gewaltverhältnisse (das Beamtenverhältnis ist ein solches!) sind die → *Grundrechte* eingeschränkt. Einem Kriminalkommissar kann von seinen → *Vorgesetzten* durchaus verboten werden, während des Dienstes goldene Ohrringe zu tragen. Da ist z. B. jeder Bauhilfsarbeiter freier. Und da reden Teile der unaufgeklärten Öffentlichkeit von *Vorrechten der Beamten*!

Dienstunfähigkeit

Obgleich er keineswegs ein Arbeitnehmer ist, hat der Beamte seine *Dienstunfähigkeit* wie ein solcher spätestens an deren dritten Tage durch Vorlage einer ärztlichen Bescheinigung nachzuweisen. Mißtraut die Behörde dem behandelnden Arzt, kann sie den Beamten auffordern, sich einer Untersuchung durch den nichtbehandelnden Arzt (→ *Amtsarzt*) zu unterziehen. Ist ein Beamter dauernd dienstunfähig, wird er in den → *Ruhestand* versetzt. Beamte, die dieses anstreben, sind innerhalb eines halben Jahres nur für weniger als drei Monate dienstfähig, wobei sie Krankheiten bekommen, die innerhalb der nächsten sechs Monate keine Dienstfähigkeit erhoffen lassen. Die besonderen Anforderungen an die charakterlichen Eigenschaften des Beamten sowie die hervorragende Qualifikation der Amtsärzte schließen es völlig aus, daß ein dienstfähiger Beamter versehentlich bzw. vorzeitig oder voreilig für dauernd dienstunfähig gehalten wird. Wenn als dienstunfähig in den Ruhestand versetzte Beamte danach in der freien Wirtschaft beeindruckende Leistungsfähigkeit unter Beweis stellen, liegt das immer daran, daß der Staat an seine Beamten *höhere* Ansprüche stellt als die Wirtschaft an ihre Angestellten.

Dienstvergehen

Ein Beamter, der die ihm obliegenden Pflichten *schuldhaft* verletzt, begeht ein *Dienstvergehen*, für das er durch → *Disziplinarmaßnahmen* bestraft werden kann. Sofern er durch seine Dienstpflichtverletzung Schäden verursacht, kann er zum Schadenersatz herangezogen werden, wenn er vorsätzlich oder grob fahrlässig gehandelt hat. → *Unfähigkeit* eines Beamten gehört genausowenig zu den Dienstvergehen wie reduzierte Leistungsfähigkeit, die niemals mit reduzierter Leistungsbereitschaft verwechselt werden darf.

Dienstwagen

Es ist selbstverständlich, daß der Staat seinen Beamten alles zur Verfügung stellt, was sie zur pflichtgemäßen Wahrnehmung ihres Amtes benötigen. Während bei Amtsgehilfen im Vollstreckungsdienst kleinerer Gemeinden noch Dienstfahrräder in Gebrauch sind, werden Behördenchefs vielfach *Dienstwagen* zur Verfügung gestellt. Dies erscheint nicht mehr als recht und billig, da manche *Wahlbeamtin* sogar drei Dienstwagen benötigt: einen für sich, einen für ihren Mann und einen für ihren Hund bzw. ihr Pferd.

Dienstweg

Der *Dienstweg* ist der Weg von unten nach oben bzw. von oben nach unten, markiert durch die Stufen der → *Hierarchie*. Ein Beamter kann sich in dienstlichen Angelegenheiten nicht direkt an den Behördenchef oder weit über ihm in der *Hierarchie* angesiedelte Beamte wenden, sondern immer nur über den nächsthöheren Vorgesetzten. → *Vorgesetzte* wenden sich selten direkt an ihnen weit nachgeordnete Beamte, sondern immer über die auf der nächstniedrigeren Stufe. Bei komplizierten → *Entscheidungen* wandern die ihnen zugrundeliegenden → *Akten* vielfach mehrfach den Dienstweg hinauf und hinab, was zur Folge hat, daß die Poststellen in solchen

Behörden mehr mit dem internen Postverkehr beschäftigt sind, als mit bei der Behörde eingehenden oder sie verlassenden Schriftstücken.

Die Erfahrung lehrt: Staatliche Bürokratie ist angewandter Buddhismus: Der Weg wird zum Ziel.

Dienstwohnung

Im Regelfall gilt der aus dem → *Alimentationsprinzip* resultierende Anspruch des Beamten auf eine *Dienstwohnung* durch Zahlung des → *Ortszuschlags*, der Teil seiner Besoldung ist, als abgegolten. Wo Beamten dennoch Dienstwohnungen überlassen werden, z. B. Dienstvillen zum angemessenen Mietzins von 125,80 DM pro Monat, geschieht das aus dienstlichen Gründen. Wichtige Beamte müssen mitunter nicht nur ständig erreichbar sein, sondern gesellige Repräsentation gehört zu ihren → *Dienstpflichten*. Der Kulturdezernent einer Großstadt konnte zu dessen Lebzeiten z. B. Jean Cocteau und dessen Gemahlin nicht in ein Reiheneigenheim zum Empfang bitten, ohne daß das Ansehen seines Amtes darunter gelitten hätte.

Disziplinarmaßnahmen

Verletzt ein Beamter seine → *Dienstpflichten* oder wird solches vermutet, kann der Dienstherr gegen den Beamten *Disziplinarmaßnahmen* ergreifen. Die Palette dieser Maßnahmen beginnt mit dem Verweis und der Gehaltskürzung, wird schon kräftiger mit der → *Versetzung* in ein Amt mit geringerem Endgrundgehalt und gipfelt in der → *Entfernung aus dem Dienst*, wobei das Ruhegehalt gekürzt oder ganz aberkannt werden kann. Im Hinblick darauf, daß der Berufsbeamte außerhalb des öffentlichen Dienstes für Wirtschaftsunternehmen meist nur dann als brauchbarer Mitarbeiter angesehen wird, wenn er über ein abgeschlossenes Jurastudium verfügt oder mindestens im gehobenen Dienst beim Finanzamt tätig war, ist die Entfernung aus dem Dienst für einen Berufsbeamten die Lebenskatastrophe schlechthin. Ein sehr schlagendes Argument gegenüber jenen, die den Beamten übersteigertes Sicherheitsbedürfnis und Angst vor Risiken vorwerfen: Wer einen Beruf ergreift, den er nur bei einem einzigen Vertragspartner ausüben kann, nämlich beim Staat, dem sind höchstes Selbstvertrauen und höchster Mut nicht nur einfach mit an Sicherheit grenzender Wahrscheinlichkeit zuzutrauen, sondern er stellt sie wahrhaft unter Beweis.

Die Erfahrung lehrt: Wer nichts tut, macht auf alle Fälle keine Fehler.

E

Ehrenämter

Mit der Übernahme eines *Ehrenamtes* sind Dienst- und Versorgungsbezüge nicht verbunden. Bestenfalls wird Schöffen, Wahlvorstehern pp. eine Aufwandsentschädigung gezahlt, die für den Aufwand kaum entschädigt. Von richtigen Beamten werden Ehrenämter zwiespältig beurteilt. Die mit ihnen nach Ansicht der Ehrenamtsverleiher verbundene Ehre interessiert den Beamten wenig, weil er im allgemeinen über soviel Ehre verfügt, daß er keine zusätzliche benötigt und sie gern anderen überläßt. Zwar ist die Höhe der Aufwandsentschädigung, im Gegensatz zu den Dienstbezügen, *nicht* jederzeit von der Ehefrau des in ein Ehrenamt Berufenen nachkontrollierbar, aber sie reicht meist gerade für ein paar Glas Bier. Wenn Beamte dennoch Ehrenämtern gegenüber nicht abgeneigt sind, so weil sie ihnen die Möglichkeit geben, ihre Diensträume während der Dienstzeit zu verlassen, ohne damit eine *Dienstpflichtverletzung* zu begehen.

Die Erfahrung lehrt: Ehre ist als Zahlungsmittel eindeutig weniger geeignet als Geld.

Ehrenzeichen und Orden, ausländische

Viele deutsche Beamte machen sich im Ausland z. B. durch großzügige Erteilung von Aufenthaltserlaubnissen, Erteilung von Genehmigungen für Waffenexporte usw. derart beliebt, daß ihnen ausländische Regierungen *Ehrenzeichen* und *Orden* verleihen. Diese darf ein Beamter nicht annehmen, sofern der deutsche Staat, z. B. durch den Bundespräsidenten, das nicht genehmigt. Da die ehemalige DDR zweifellos kein Ausland war, hätten Beamte der Bundesrepublik z. B. den Nationalpreis der DDR auch ohne Genehmigung durchaus entgegennehmen können. Dem Autor sind allerdings solche Fälle nicht bekannt geworden; selbst Beamte des Verfassungsschutzes begnügten sich mit zusätzlichen Dienstbezügen und zogen gelegentlich in → *Dienstwohnungen* in der DDR um, die sie nach deren Zusammenbruch allerdings meist verloren haben bzw. zu verlieren drohen.

Eingangsamt

Die Annahme, *Eingangsämter* seien in der Nähe der Behördentüren untergebrachte Dienststellen, wäre unrichtig. Es handelt sich dabei um jenes Amt innerhalb einer → *Laufbahn*, das einem Beamten als erstes zugewiesen wird. Normalerweise jenes mit der niedrigsten Besoldungsgruppe.

Die Erfahrung lehrt: Das Eingangsamt ist vielfach das lebenslängliche Amt des parteilosen Beamten.

Eingangsstempel

Weil sich an das Datum des Eingangs eines Schreibens bei einer Behörde vielfach Rechtsfolgen knüpfen, wird dieses Datum auf jedes Schreiben gestempelt. Im Normalfall erfolgt diese Stempelung in der Posteingangsstelle. Wird ein Schreiben direkt beim zuständigen Sachbearbeiter abgegeben, nimmt er diese → *Amtshandlung* vor. Zu beachten ist, daß der Eingangsstempel mit dem Kalenderdatum übereinstimmen sollte. Überbeschäftigte Beamte versäumen ihre → *Dienstpflicht* der richtigen Einstellung des Eingangsstempels gelegentlich, selbst wenn es vielfach ihre einzige ist.

Entfernung aus dem Dienst

Normalerweise entfernt sich ein Beamter auf Lebenszeit erst mit dem Tode aus dem Dienst. Er bleibt auch nach der Pensionierung Beamter, und zwar ein solcher im → *Ruhestand*. Dennoch kann er von sich aus um Entlassung bitten, was gewöhnlich nur der Fall ist, wenn einem Beamten eine *sehr* viel besser bezahlte Stellung in der Wirtschaft oder einer Beamtin eine *sehr* viel bessere Stellung in einer Ehe angeboten wird. Eine *Entfernung aus dem Dienst* ist eine → *Disziplinarmaßnahme*, die nach einer besonders schweren *Dienstpflichtverletzung* verhängt werden kann. → *Unfähigkeit* ist *niemals* eine Dienstpflichtverletzung, deshalb können unfähige Beamte (ein Widerspruch in sich) nur in Ämter befördert werden, die so hoch angesiedelt sind, daß sie dort keinen Schaden mehr anrichten können, weil die ihnen unterstellten Beamten das wegen deren *Beratungspflicht* verhindern müssen. Vgl. auch → *Peter-Prinzip*.

Entscheidung

Die eigentliche Aufgabe des Beamten ist es, *Entscheidungen* zu treffen. Dies nimmt der Beamte sehr ernst, denn er ist in dieser seiner Entscheidung nur unabhängig, wenn er z. B. Richter oder → *Standesbeamter* ist, und auch deren Entscheidungen unterliegen vielfach der Überprüfung. Deshalb ist es möglich, daß ein Beamter, der während seines → *Erholungsurlaubs* körperlich arbeiten möchte und am ersten Tag für seinen bäuerlichen Pensionswirt acht Klafter Holz hackt, am zweiten Urlaubstag, an dem er große und kleine Kartoffeln in zwei Körbe sortieren soll, abends weinend mit jeweils einer Kartoffel in seinen beiden Händen vor gänzlich leeren Körben angetroffen wird: im Fall des Holzhackens handelt es sich lediglich um eine Tätigkeit; im Fall der Kartoffeln aber mußten Entscheidungen getroffen werden, die ein richtiger Beamter immer pflichtgemäß, d. h. nach bestem Wissen und Gewissen trifft. Es ist völlig falsch, es für die Folge von Untätigkeit oder Faulheit von Beamten zu halten, wenn die Bearbeitung mancher Anträge, z. B. der auf → *Lohnsteuerjahresausgleich*, gewöhnlich viel Zeit erfordert; gut Ding erfordert nun mal Weile, und eine richtige, ausgewogene, pflichtgemäße Entscheidung ist zweifellos eine gute Sache.

Die Erfahrung lehrt: Keine Entscheidung zu treffen, ist allemal besser als eine falsche.

Erholungsurlaub
Wie den Arbeitnehmern steht auch den Beamten jährlich ein bezahlter *Erholungsurlaub* zu, dessen Dauer durch Verordnungen bestimmt wird. Die Notwendigkeit dieses → *Urlaubs* wird im allgemeinen auch von (*immer* völlig uninformierten) Kritikern des Beamtenstandes nicht bestritten, wobei es allerdings eine Ausnahme gibt: der Urlaub der → *Lehrer*, den sogar verbeamtete Nichtlehrer, z. B. Forstbeamte, den Lehrern neiden. Hierzu ist kurz und knapp zu bemerken, daß es sich bei dem Lehrern gewährten Urlaub keineswegs um ein Beamtenprivileg handelt, denn der als nicht verbeamteter Angestellter im Schuldienst tätige Lehrer erhält ihn genauso. Er wird sogar Kindern zugebilligt, die nur Schüler sind, was es nun wirklich notwendig macht, an dieser Stelle einmal die dem Beamten gebotene Zurückhaltung zu vergessen und drastisch zu werden. Jede Mutter und jeder Vater weiß, wie schwierig es ist, auch nur zwei eigene Kinder dazu zu bewegen, den Gameboy aus der Hand zu legen und das Kinderzimmer aufzuräumen. Die Lehrerin sowie der Lehrer haben es Tag für Tag und Jahr für Jahr nicht mit einem oder zwei eigenen Kindern zu tun, sondern mit zwanzig oder dreißig fremden, die sie nicht mal am Stuhl festbinden, knebeln, am Ohr ziehen, in die Ecke stellen oder durch Strafarbeiten ruhigstellen dürfen. Wenn noch immer die meisten Lehrer *nicht* im Alter von fünfundvierzig Jahren infolge totaler nervlicher Zerrüttung in den → *Ruhestand* bzw. in die Nervenheilanstalt entlassen werden müssen, so nur wegen des Erholungsurlaubs, der ihnen alle drei Monate wenigstens eine teilweise Regeneration ihrer

Nervenkraft ermöglicht. Minister und Politiker, die den Lehrern diesen Urlaub streitig machen wollen, spekulieren auf den Neid und beweisen, daß sie zwar viel von unserer Gesellschaft verstehen, aber nichts von der Schule. Der Vergleich des Lehrerurlaubs mit dem Urlaub anderer Berufsgruppen verstößt im übrigen eindeutig gegen den *Gleichheitsgrundsatz,* der nur das Vergleichen des Gleichartigen gestattet.

Ermessen, pflichtgemäßes

In zahlreichen Angelegenheiten regeln Gesetze und Verordnungen nicht bis in die kleinsten Einzelheiten, welche Folgen mit bestimmten Sachverhalten verbunden sind, und auch, wo das versucht wird, bedürfen Sachverhalte einer Interpretation. Wenn z. B. das Recht vorsieht, daß ein Beamter eigenes Vermögen ohne Genehmigung des Dienstherrn verwalten darf, muß darüber geurteilt werden, ob es *noch eine Verwaltung des eigenen Vermögens* ist, wenn der Beamte mit Hilfe von ihm ordnungsgemäß als Privatgespräch angemeldeter Telefongespräche jeden Tag von seiner Dienststelle aus seiner Bank Aufträge zum Kauf oder Verkauf von Wertpapieren erteilt, oder ob es sich dabei schon um eine genehmigungspflichtige Nebentätigkeit, z. B. als Börsenspekulant, handelt.

Solche → *Entscheidungen* sind Ermessensentscheidungen, an die besondere Anforderungen gestellt werden. Wenn der Entscheidende sachfremde Kriterien einfließen läßt, den Sachverhalt nicht gründlich genug prüft, Gesetze und Vorschriften falsch bzw. höchst eigenwillig auslegt, wenn er gegen den Gleichheitsgrundsatz verstößt oder Ermessensentscheidungen trifft, wo der Gesetzgeber schon die Entscheidungen vorgibt usw., liegt ein *Ermessensfehler* vor, gegen den sich der Betroffene durch → *Rechtsmittel* zu wehren versuchen kann. Eine nach → *Bestechung* oder vor einer *Belohnung* des Beamten getroffene Entscheidung ist zweifelsfrei mit Ermessensfehlern behaftet. Als fehlerhafte Ermessensentscheidung dürfte auch die Entscheidung eines Finanzbeamten anzusehen sein, dieses Buch nicht als *Fachliteratur* und damit als Teil der beschränkt abzugsfähigen Werbungskosten zu betrachten.

Die Erfahrung lehrt: Die schmale Grenze zwischen pflichtgemäßem Ermessen und Willkür ist fließend.

Ernennung, z. B. zum Beamten auf Lebenszeit

Die Begründung des Beamtenverhältnisses und wichtige Veränderungen desselben, z. B. eine → *Beförderung*, erfolgt durch mehr oder weniger feierliche Aushändigung einer Urkunde, deren Formulierung genau vorgeschrieben ist. Aktive Beamte nehmen solche Urkunden gewöhnlich zu ihren privaten → *Akten*. Ruhestandsbeamte verwenden sie vielfach zur innenarchitektonischen Ausgestaltung des kleinsten Raumes ihrer Wohnung bzw. ihres Reiheneigenheims. Die Urkunde über die Entlassung in den → *Ruhestand* ist für viele Beamte die wertvollste aller Urkunden. Historisch überliefert ist der Fall eines Beamten, der sofort nach seiner Ernennung zum Beamten auf Lebenszeit jedes Stück Papier, das ihm unter die Augen kam, mit Hilfe eines Zollstocks sorgfältig vermaß und mit den traurig geäußerten Worten *Paßt nicht* irgendwo abheftete bzw. in den Papierkorb seiner Dienststelle warf. Nach mehrfachen Versetzungen, die an seinem Verhalten nichts änderten, wurde er zwecks Untersuchung dem → *Amtsarzt* vorgestellt. Als er auch dessen Schriftstücke vermaß und mit seinem traurigen *Paßt nicht* aus der Hand legte, empfahl der Amtsarzt die schnellstmögliche Versetzung des Beamten in den *vorzeitigen Ruhestand.* Wie in solchen Fällen erforderlich, wurde die entsprechende Urkunde angefertigt und dem Beamten überreicht. Einmal mehr zog er seinen Zollstock aus der Tasche, ermittelte Länge und Breite der Urkunde. Dann glitt, erstmalig seit der Ernennung zum Beamten auf Lebenszeit, ein zaghaftes Lächeln in sein Gesicht. *Paßt!* sagte er zufrieden und verließ seine Dienststelle, die seither nur jedes Jahr durch seinen Beihilfeantrag erfährt, daß er sich noch am Leben befindet.

ep...piep...piep...piep.

F

Feiern, dienstliche

sind in den das Recht der Beamten regelnden Gesetzen und Vorschriften nicht vorgesehen. Wenn sie dennoch gelegentlich, z. B. anläßlich von *Geburtstagen*, → *Beförderungen* und *Dienstjubiläen* in Behörden stattfinden, gestatten sie dazu berechtigte → *Vorgesetzte* des Beamten als Maßnahme zur Förderung des Betriebsklimas.

Fernbleiben vom Dienst, unentschuldigtes

ist im Gegensatz zum durch Krankheit, Umzug, Geburt eines Kindes oder Tod entschuldigtes oder vom Dienstvorgesetzten genehmigtes Fernbleiben eine Verletzung der → *Dienstpflicht*. Im Krankheitsfalle muß der Beamte seine Dienststelle informieren und die Krankheit nachweisen. Bei unentschuldigtem *Fernbleiben vom Dienst* kann der Beamte durchaus einen Teil seiner Dienstbezüge verlieren, was das Beamtenverhältnis in gefährliche Nähe zu einem Arbeitsverhältnis bringt, bei dem der Arbeiter auch keinen Lohn erhält, wenn er nicht zur Arbeit kommt. Noch immer fürchten Beamte derart, in die Nähe des *Fernbleibens vom Dienst, unentschuldigtes* zu geraten, daß sie, selbst wenn sie an einer Krankheit leiden, grundsätzlich zum Dienst gehen. Im Falle ansteckender Krankheiten zumindest einen Tag, an dem sie sich möglichst oft in der Nähe möglichst vieler → *Vorge-*

setzter aufhalten, die in der Folge auch kennenlernen, was der Abbau der → *Beihilfen* im Krankheitsfall bedeutet.

Finanzverwaltung, Beamte der

Völlig zu unrecht richtet sich der Zorn der Steuerzahler häufig besonders gegen Finanzbeamte, denen eigentlich von allen Beamten am meisten Verehrung, Bewunderung, ja, persönliche Achtung gebührt. Daß der Staat Steuern erheben muß, um öffentliche Aufgaben bezahlen zu können, ist auch unter denkenden Nichtbeamten unumstritten. Wer sich über Steuern und Gebühren bzw. deren Höhe beklagt, braucht nur einen Blick über die Grenzen unseres (noch) gut funktionierenden Staates zu werfen. Gewiß, in vielen Staaten ist die Einkommensteuer geringer als in Deutschland und → *Österreich*, aber dann erheben solche Staaten entweder höhere Verbrauchssteuern, oder sie können ihre Aufgaben nicht erfüllen. Gerade jene besser verdienenden Schichten, deren Einkommen dem Höchstsatz der Einkommensteuer unterliegt, bedürfen des Schutzes der staatlichen Ordnung besonders. Es ist zweifelsfrei ein Hinweis auf den Entwicklungsstand einer Kultur, ob der Staat die Ordnung aufrechterhält oder ob jeder, der es sich leisten kann, seinen Besitz und sein Leben durch private Polizisten und / oder Söldner selber verteidigen lassen muß. Auch durch seine Sozialleistungen produziert der Staat letztlich nur Sicherheit und Ordnung, und wenn den Finanzbeamten besondere Hochachtung gebührt, so, weil sie besser und genauer als jeder andere wissen, was auf den Vorstandsetagen unserer Wirtschaftsunternehmen verdient wird und tagtäglich erleben, daß z. B. Vorstände mit zwei Millionen Einkommen ihre Großmutter als Putzhilfe führen, damit sie monatlich knapp vierhundertfünfzig Mark nicht mit ihrem Spitzensteuersatz, sondern nur pauschal versteuern müssen. Wer derlei tagtäglich zur Kenntnis nimmt, den Gesetzen und Vorschriften entsprechend anerkennt und, seine → *Schweigepflicht* beachtend, nicht einmal der eigenen Frau erzählt, der verdient höchsten Respekt. Finanzbeamte, die bei Betriebsprüfungen tagtäglich erleben, daß jeder zweite Eiergroßhändler oder Röntgenarzt im Monat mehr verdient als selbst ein höherer Beamter im ganzen Jahr, Beamte, die still und unauffällig *im Wissen über solche Einkommensunterschiede* tagtäglich pflichtgemäß ihren Dienst verrichten, obwohl sie in der freien Wirtschaft als Steuerberater ein Vielfaches ihrer Beamtenbezüge verdienen könnten und *dennoch* im Staatsdienst bleiben, weil sie an Recht und Ordnung glauben und das Gesamtwohl für wichtiger halten als ihr Eigenwohl, solche Beamte sind die letzten idealistischen Helden in unserer Gesellschaft.

Freizeit, des Beamten
ist jede Zeit außerhalb der Dienstzeit, d. h. jene Zeit, die er sich nicht in seiner Dienststelle oder auf dienstliche Anordnung im Außendienst befindet. Da die Arbeitsleistung von Beamten kaum meßbar ist, weil sie eben *nicht* einfach arbeiten, sondern die mit ihrem Amte verbundenen Aufgaben wahrnehmen, läßt sich ihre Leistung kaum objektiv bewerten. Das führt vielfach zur Annahme, daß die Beamten nichts leisten, was völlig

falsch ist: Die Beamten produzieren – in der Dienstzeit durch ihre Anwesenheit in den Behörden und in der Freizeit durch ihre bloße Existenz – ständig jenen Kitt, der unseren Staat zusammenhält und seine Fugen und Ritzen abdichtet gegen die alles zerstörende Anarchie.

Fürsorgepflicht, des Dienstherrn

vergl. → *Alimentationsprinzip*. Der Dienstherr hat für das Wohl seiner Beamten und deren Familien zu sorgen und sie bei ihrer amtlichen Tätigkeit und in ihrer Stellung als Beamter zu schützen. Wie häufig im Leben haben auch hier der Schützende und der Beschützte unterschiedliche Vorstellungen über das gebotene Ausmaß der Sorge und des Schutzes. Während die Parlamentsabgeordneten bei der → *Entscheidung* über die Höhe ihrer Diäten hohe Ansprüche mit der Sorge um *ihr* Wohl verbinden, soll sich der Beamte und seine Familie schon auf wesentlich niedrigerem Niveau wohlversorgt fühlen, was er durchaus nicht immer ist. Schon mußten Grundgehälter von Beamten des einfachen Dienstes deshalb erhöht werden, damit sie nicht von den Sozialhilfesätzen überholt wurden, was es nicht ganz abwegig macht, den Grund für die lebenslängliche Dauer des Beamtenverhältnisses auch im Eigeninteresse des Staates zu vermuten. Sie schränkt, in Verbindung mit der sehr speziellen Ausbildung, die Chancen des Beamten zum Wechsel in besser bezahlte Stellungen in der freien Wirtschaft ein. Allerdings, dank der Fürsorgepflicht des Dienstherrn sind Beamte von der *Sozialversicherung* befreit. Das ermöglicht die Schlußfolgerung, daß er die von nicht verbeamteten Arbeitnehmern zu zahlenden Beiträge sozusagen bei der Berechnung der Dienstbezüge der Beamten stillschweigend abzieht, was nun wirklich nicht fürsorglich ist.

G

Gehorsamspflicht

Der Beamte ist verpflichtet, die Anordnungen seiner → *Vorgesetzten* auszuführen, trägt aber für die Rechtmäßigkeit seiner Handlungen die volle persönliche Verantwortung. Bei Zweifeln an der Rechtmäßigkeit einer Anordnung kann er sich allerdings an den Vorgesetzten des Vorgesetzten wenden. Wenn dieser die Anordnung bestätigt, hat der Beamte sie auszuführen, sofern es sich dabei nicht um eine strafbare Handlung oder Ordnungswidrigkeit handelt und er intelligent genug ist, das zu erkennen. Im Zweifelsfalle lassen sich besonders intelligente Beamte die Bestätigung der Anweisung schriftlich geben und können sich dann verhältnismäßig sicher davor fühlen, für → *Amtshandlungen* zur Rechenschaft gezogen zu werden.

Die Erfahrung lehrt: Ein Beamter, der von seinen Rechten Gebrauch macht, kann seine Dienststelle zum Stillstand bringen.

Geld

Im Gegensatz zu Staaten, in denen sich die Beamten nach dem → *Beuteprinzip* selbst besolden, dürfen in Deutschland Beamte *Geld* in bezug auf ihr Amt überhaupt nicht annehmen und Geld für ihr Amt auch nur mit besonderer Genehmigung. Das führt dazu, daß Bürger vielfach von einem Beamten aufgefordert werden, bei der Kasse eine Gebührenmarke zu bezahlen, sie von einem in einer anderen, zwölf Kilometer weit entfernten Dienststelle tätigen Beamten entwerten zu lassen und damit zum ersten Beamten zurückzukehren. In solchen Fällen handelt es sich nie um Schikane; der Beamte ist lediglich nicht befugt, Geld für Gebührenmarken entgegenzunehmen, und der Beamte an der Kasse ist nicht befugt, Gebührenmarken zu entwerten.

Die Erfahrung lehrt: Napoleon Bonaparte hat recht: Geld ist wirklich das Symbol für alles.

Geschenke

Obwohl es auf der ganzen Welt üblich ist, Staatsdiener durch *Geschenke* zu erfreuen, dürfen deutsche Beamte sie *in bezug auf ihr Amt* nur mit Genehmigung annehmen, die in der Praxis entweder nicht erteilt wird oder nur dergestalt, daß z. B. der Staatssekretär ein Kamel, das ihm in Saudi-Arabien geschenkt wird, zwar annehmen darf, aber an den Zoo der jeweiligen Regierungshauptstadt weiterverschenken muß. Selbst Liebe dürfen sich Beamte nicht ohne weiteres *in bezug auf ihr Amt* schenken lassen, was erfahrungsgemäß besonders Polizeibeamte regelmäßig in schwere Gewissenskonflikte stürzt, weil Disziplinarkammern selten glauben, daß eine Prostituierte einen Polizeibeamten auch lieben würde, wäre er kein Polizist.

Die Erfahrung lehrt: Den Beamten wird auch vom Leben nichts geschenkt.

Grenzfälle
sind sozusagen das Niemandsland zwischen Recht und Unrecht, in dem sich auch pflichtbewußte Beamte gelegentlich verirren können. Oft sind Gesetze und Vorschriften wie Zerrspiegel und lassen Situationen, aus verschiedenen Winkeln betrachtet, völlig unterschiedlich erscheinen. Wie ist beispielsweise das → *Geschenk* einer Ehefrau an ihren verbeamteten Ehemann zu beurteilen, den sie *ausschließlich* in bezug auf sein Amt geheiratet hat, weil sie völlig falsche Vorstellungen von den Dienstbezügen eines Hauptfeldwebels hatte? Vorsichtig, wie kluge Beamte gewöhnlich sind, nehmen sie grundsätzlich nur Kugelschreiber aus Plastik mit Werbeaufdruck und einen höchstens in Pappe oder Plastik gebundenen Taschenkalender an, weil solche Geschenke eher eine Belastung denn eine Bereicherung darstellen. Selbst das Jagdrecht schafft Grenzfälle. So wurde ein Bauer, der nicht im Besitz eines Jagdscheins war, wegen Wilderei angeklagt, nachdem er einen Hasen erschlagen hatte, der während einer Treibjagd unter den Rock seiner Frau geflüchtet war. Der Fall beschäftigte mehrere Instanzen, bis ein Richter auf Freispruch des Bauern erkannte, den er damit begründete, daß das Recht zur Ausübung der Jagd nach dem Jagdrecht zwar eindeutig an den Jagdschein gebunden sei, nach dem Eherecht aber jedem Ehemanne eindeutig das alleinige Jagdrecht unter den Röcken seiner Ehefrau zugebilligt werden müsse, weshalb die Heiratsurkunde in diesem Falle als Jagdschein angesehen werden könne. Gefährlich sind solche Grenzfälle immer: der Beamte ist gut beraten, wenn er sie *immer* zur sicheren Seite hin beurteilt.

Die Erfahrung lehrt: Wenn Vorsicht die Mutter der Porzellankiste ist, war ihr Vater zweifellos Beamter.

Grundrechte
können durch besonderes Gesetz in vielfacher Hinsicht eingeschränkt werden, und die Beamtengesetze sind solche besonderen Gesetze. Polizeibeamte dürfen inzwischen ihre Persönlichkeit auch durch einen gepflegten Bart und modische Haartrachten frei entfalten; ob ein Bereitschaftspolizist seiner Bewunderung für den Designer Karl Lagerfeld allerdings durch die Nachahmung von dessen Frisur Ausdruck geben kann, ist umstritten. Soldaten aber dürfen eindeutig keine Vollbärte tragen, weil sie sich bei ABC-Übungen vielfach als hinderlich beim Aufsetzen der Gasmaske erwiesen haben sollen.

Grundsätze des Berufsbeamtentums, verfassungsmäßig granitierte
Nach Artikel 33 des Grundgesetzes für die Bundesrepublik Deutschland ist die Ausübung *hoheitsrechtlicher* Befugnisse in der Regel Angehörigen des öffentlichen Dienstes zu übertragen, die in einem öffentlich-rechtlichen Dienst- und Treueverhältnis stehen. Im gleichen Artikel heißt es, daß das Recht des öffentlichen Dienstes unter Berücksichtigung der hergebrachten Grundsätze des Berufsbeamtentums zu regeln sei. Kritiker des Beamtentums vermuten, daß dieser Artikel dergestalt mißverstanden wurde, daß, da in der demokratischen Gesellschaft alle Macht vom Volke ausgehe, auch die hoheitsrechtlichen Befugnisse bei diesem lägen und deshalb das ganze deutsche Volk in das Beamtenverhältnis

zu berufen sei. Diese Unterstellung ist, wie jede Kritik am Beamtentum, verkürztes Denken. Wenn *alle* Staatsbürger in einem Dienst- und Treueverhältnis zum Staat ständen und von diesem versorgt würden, käme das dem idealen Staat näher als jede andere Utopie. Bedauerlich erscheint, daß auch das Ideal des totalen Beamtenstaates am Eigennutz und der Gier des Menschen scheitert, weil die Leistungsträger in der freien Wirtschaft in der Regel nicht bereit sind, sich mit dem geringen Einkommen eines Beamten zufriedenzugeben.

Grundsätzlich

Viele Wörter haben in der Amtssprache eine Bedeutung, die sich erst nach Berufung ins Beamtenverhältnis ihrem Betrachter voll erschließt. *Unzulässig* bedeutet völlig verboten. Ist etwas jedoch *grundsätzlich* unzulässig, soll immer zum Ausdruck gebracht (für Nichtbeamte: ausgedrückt) werden, daß Ausnahmen möglich sind. Mitunter wird *grundsätzlich* auch durch *in der Regel* ersetzt, was allerdings mitunter von Gleichstellungsbeauftragten als sexistisch beurteilt wird.

H

Hauptwörtersucht der Amtssprache

Im Gegensatz zu Zeitwörtern, mit denen die deutsche Sprache Handlungen und Bewegungen bezeichnet, bietet sie für Gegenstände, Personen, Orte und Zustände normalerweise nur Substantive und Pronomen zur Bezeichnung an. Da die Gesetzessprache und die sich von ihr ableitende Amtssprache darauf zielen, Personen- und Sachverhalte möglichst genau zu bezeichnen und sich bewegte bzw. sich bewegende Abläufe durch ständige Veränderung einer genauen Beschreibung zu entziehen versuchen, hat die Amtssprache die Tendenz, möglichst viele Substantive zu benutzen und auf Verben möglichst zu verzichten. Dies führt zu einer Häufung der Nachsilben *ung, heit, keit* in der Amtssprache, was immer der Genauigkeit dient. Wenn ein Beamter *in den Zustand angemessener Heiterkeit* gerät, ist das etwas völlig anderes als wenn er *schallend lacht*. Kritiker dieses Tatbestandes übersehen, daß die Amtssprache völlig andere Aufgaben hat, als die Sprache in der Literatur.

Heilkur, ambulante

Da Beamte nicht der *Sozialversicherungspflicht* unterliegen, stehen ihnen die bewährten Kuranstalten der Versicherungsanstalten nicht offen. Wenn der Dienst seine Gesundheit so geschädigt hat, daß der behandelnde Arzt eine Heilkur in einem Kurort für erforderlich hält, kann der Beamte die Anerkennung seiner Kurbedürftigkeit beantragen, was nach einer Untersuchung durch den → *Amtsarzt* dazu führt, daß der Beamte für die Dauer der Heilkur vom Dienst befreit wird und zu den Kosten der Kur eine → *Beihilfe* erhält. → *Lehrer* sind bei dieser Regelung eindeutig benachteiligt, denn sie müssen eine Kur normalerweise derart terminieren, daß ein Teil der Kurzeit in die Zeit der Schulferien fällt, die nicht der Wiederherstellung der Gesundheit, sondern der Erhaltung der Dienstfähigkeit dienen sollen.

Die Erfahrung lehrt: Nur ein Beamter, der regelmäßig eine Heilkur beantragt, nimmt seine Beamtenrechte voll wahr.

Hierarchie

Obgleich der griechische Begriff eigentlich Heilige Herrschaft bedeutet, bezeichnet man heute jede Ordnung, in der erhebliche Rangunterschiede bestehen, als hierarchisch. Der öffentliche Dienst ist eine durch → *Laufbahnen* und → *Titel* bis in die feinsten Einzelheiten gegliederte Hierarchie, wobei jeweils die höhere Rangstufe gegenüber der niedrigeren weisungsbefugt ist. Im Hinblick auf die Bindung jedes Beamten an Gesetz und Recht führt diese scheinbar den Beamten entmündigende Ordnung und Unterordnung in der Praxis zu einem Höchstmaß an persönlicher Freiheit und Unabhängigkeit. Im Gegensatz zum Angestellten in der freien Wirtschaft ist der Beamte und Angestellte des öffentlichen Dienstes vor der Willkür → *Vorgesetzter* weitestgehend geschützt, weil die dem einzelnen Beamten in der

Hierarchie übergeordneten *Vorgesetzten* nicht über das wirksamste Herrschaftsinstrument verfügen können: die Furcht des Abhängigen vor Verlust seines Arbeitsplatzes.

Gewiß können Vorgesetzte unbequeme Beamte mit Zivilcourage beim Aufstieg in der Hierarchie behindern, was viele Beamte durch Aufstieg in der Hierarchie einer politischen Partei zu konterkarieren verstehen, aber die Vorstellung des ängstlich und unterwürfig vor seinen Vorgesetzten buckelnden Beamten ist heute völlig unrealistisch. So zutreffend das Bild des nach oben buckelnden und nach unten tretenden subalternen Beamten für den Obrigkeitsstaat war – im demokratischen Rechtsstaat hat der Beamte keinerlei Grund zur Unterwürfigkeit, denn solange er sich keine Rechts- oder Dienstpflichtverletzung zuschulden kommen läßt, können ihm die Vorgesetzten schlimmstenfalls durch Verzögerung oder Verhinderung des Aufstiegs schaden.

Im Gegensatz dazu können intelligente untergeordnete Beamte weniger intelligente Vorgesetzte unter peinlichst genauer Beachtung ihrer → *Dienstpflichten* in eine schwierige Situation nach der anderen manövrieren. Der öffentliche Dienst hat aus dieser Tatsache die völlig richtigen Schlüsse gezogen, denn er stuft Juristen, die auch mit dem Beamtenrecht hervorragend umzugehen verstehen sollten, in der Regel von Anfang an in den höheren Dienst ein, wo sie in der Regel wesentlich besser verdienen als in der Anwaltssozietät.

Die Erfahrung lehrt: Nicht der einzelne Beamte ist die Wurzel allen Übels, sondern das System der Hierarchie.

Hinterbliebenenversorgung
Witwen und Waisen von Beamten erhalten als *Versorgungsbezüge* einen Betrag, der einem Prozentanteil der Dienstbezüge des verstorbenen Beamten entspricht. Sofern eine Ehe *ausschließlich* oder überwiegend nur geschlossen wurde, um eine Frau in den Besitz der Versorgungsansprüche zu bringen und die Ehe nicht wenigstens drei Monate dauerte, kann der frühere Dienstherr des Verstorbenen versuchen, die Zahlung der Versorgungsbezüge zu verweigern, aber dieser Versuch gelingt in der Praxis höchstens, wenn ein Beamter auf dem Sterbebette einer Fremden angetraut wird. Ruhestandsbeamte müssen allerdings *unbedingt* heiraten, bevor sie fünfundsechzig Jahre alt geworden sind. Die Ehe mit einer möglichst jungen Frau, z. B. aus einem unterentwickelten Land, ist als Möglichkeit der späten Rache für unzureichende → *Beförderung* nur voll wirksam, wenn aus der Ehe ein Kind hervorgeht. Andernfalls kann das Witwengeld bei einem Altersunterschied von mehr als zwanzig Jahren gekürzt werden. Dennoch, auch ein gekürztes deutsches Witwengeld ist wesentlich höher als das Einkommen z. B. einer thailändischen Verkäuferin, und es beweist einmal mehr die Treue der Beamten, daß Junggesellen von dieser rechtlich einwandfreien Möglichkeit, spätestens drei Monate vor ihrem Tode noch Entwicklungshilfe zu leisten, so selten Gebrauch machen.

Die Erfahrung lehrt: Nur der tote Beamte ist einigermaßen gut versorgt.

Hoheitsaufgaben

Theoretisch gesehen sind *Hoheitsaufgaben* all jene, in denen der Staat gegenüber dem Staatsbürger als Obrigkeit in Erscheinung tritt, also gebietet oder verbietet. Praktisch hat in Deutschland und → *Österreich* der Staat zusätzlich eine Vielzahl von Dienstleistungsaufgaben übernommen, die er vielfach wie Hoheitsaufgaben von Beamten erledigen läßt. Dabei verhalten sich Beamte wie immer pflichtgemäß nach den *überkommenen Grundsätzen des Berufsbeamtentums*, was z. B. dazu führt, daß die Müllabfuhr in diesen Ländern streng nach Recht und Gesetz erfolgt, aber vergleichsweise kostspielig ist, weil die Leerung einer Mülltonne besonderen Kriterien entsprechen muß, wenn sie den an einen → *Verwaltungsakt* zu stellenden Ansprüchen genügen muß. Kritiker der Ausweitung der staatlichen Aufgaben übersehen regelmäßig, daß die Leerung von Mülltonnen durch den öffentlichen Dienst zuverlässiger erfolgt als durch Privatunternehmen, die z. B. Industriebetriebe vom Giftmüll dergestalt entsorgen, daß sie ihn in Anlagen der städtischen Trinkwasserversorgung kippen.

Die Erfahrung lehrt: Wo Friseure beamtet werden, wird das Haareschneiden zur Hoheitsaufgabe.

Stempelfarbe!
Stempelfarbe!

I

Indianersituation

Mit diesem Wort bezeichnet man einen Zustand, bei dem es in einer Dienststelle oder Behörde nur noch Häuptlinge gibt, aber keine Indianer mehr, weil sämtliche Indianer zu Häuptlingen befördert wurden. Diese Situation wird durch Vorschriften in den Besoldungsregelungen, sog. *Stellenkegel*, verhindert, die den prozentualen Anteil der Beförderungsämter in den → *Laufbahnen* der Beamten begrenzen. Dennoch ist es besonders den Gemeinden durch höchst innovative Methoden des Rechnens gelungen, den einfachen Dienst fast aussterben zu lassen. Oberamtsgehilfen und Hauptamtsgehilfen gibt es nur noch sehr selten, bei der Bundeswehr sieht es noch etwas anders aus.

Integration, europäische

Im Zuge des langen und schwierigen Wegs zu den Vereinigten Staaten von Europa sollen u. a. nach und nach die Rechtssysteme der Mitgliedsstaaten der EWG einander angeglichen und Freizügigkeit sowie gleiche Zugangsmöglichkeiten für den öffentlichen Dienst, z. B. für → *Lehrer*, geschaffen werden. Mit Recht (d. h. aus Eigennützigkeit) wehren sich viele Staaten gegen diese Einschränkung ihrer Souveränität; für das Beamtentum als solches stellen diese Bestrebungen keine besondere Gefährdung dar. Die Praxis der bisher geschaffenen europäischen Behörden läßt erkennen, daß man dort dessen überkommene *Grundsätze* durchaus zu schätzen weiß.

J

Japan

Wie in Deutschland und → *Österreich*, gibt es auch in *Japan* Beamte, allerdings hat man 1947 die Dreiteilung der im Dienst des Staates tätigen in yonin (Arbeiter), yatoi (Angestellte) und kanri (Beamte) durch ein vereinheitlichendes Staatsbedienstetengesetz abgeschafft und kennt nur noch Staatsbedienstete, die nach fünfzehn Besoldungsgruppen alimentiert werden, nicht streiken dürfen und Ruhegehälter beziehen, wenn sie die Altersgrenze erreicht haben, bzw. vorzeitig dienstunfähig werden. Kenner der japanischen Mentalität behaupten, daß man sich im Land der aufgehenden Sonne hierbei am deutschen Beispiel orientiert hat, worauf wir stolz sein können. Was immer man den Japanern auch vorwerfen kann (z. B. ihre für Europäer zu engen Autos) – sie wissen, was ihrem Staate nützt. Beamte sind ein Ordnungsfaktor, und wer gegen Ordnung ist, der hat höchst verschwommene, spätpubertär romantische Vorstellungen von Anarchie. Anarchie bedeutet, daß der Pöbel nicht nur, wie derzeit, den Lack der Autos zerkratzt, Autoantennen abbricht und hin und wieder Autoradios und Videorekorder klaut, sondern daß er johlend, raubend und mordend durch die Straßen ziehen kann, weil keine unterbezahlten Beamten vorhanden sind, die ihn pflichtgemäß in seine Schranken weisen.

Die Erfahrung lehrt: Die einzig sinnvolle Reform des öffentlichen Dienstes ist die Verbeamtung aller Arbeiter und Angestellten.

Jubiläumszuwendungen

Bei Dienstjubiläen kann dem Beamten eine *Jubiläumszuwendung* gewährt werden, deren Höhe durch Verordnungen wie der *Verordnung über die Gewährung von Jubiläumszuwendungen an Beamte und Richter des Bundes* in der Fassung vom 13. März 1990, veröffentlicht im Bundesgesetzblatt I, Seite 487, bestimmt wird. In dieser Verordnung ist *nicht* angeordnet, daß diese Jubiläumszuwendung mit anderen Beamten *während der Dienstzeit* durch Alkoholgenuß zur Herbeiführung vorzeitiger → *Dienstunfähigkeit* durch Leberzirrhose verwendet werden muß.

K

Kaufkraftausgleich

Beamte im Diplomatischen Dienst bzw. im Geheimdienst haben ihren dienstlichen Wohnsitz vielfach im Ausland. In solchen Fällen werden ihnen die Dienstbezüge nicht nach der für ihr Amt jeweils gültigen Besoldungsgruppe ausgezahlt, sondern sie erhalten Zuschläge bzw. erleiden Abzüge, die sich nach der Kaufkraft der Deutschen Mark richten. Auf diese Weise soll vermieden werden, daß der möglicherweise verbeamtete Bürobote der deutschen Botschaft in Äthiopien einen höheren Lebensstandard hat als das dortige Staatsoberhaupt bzw. ein in Tokio eingesetzter Legationsrat nach Dienst durch Mitwirkung bei Sumo-Ringkämpfen seine Dienstbezüge aufbessern muß.

Kredite

Infolge der mit dem Beamtenverhältnis auf Lebenszeit verbundenen Sicherheit gelten Beamte als verläßliche Schuldner, denen Beamten- und Teilzahlungsbanken *Kredite* weit über die normale Verschuldungsgrenze hinaus gewähren. Das führt besonders dann zu finanziellen Schwierigkeiten, wenn Beamte der unter ihnen weit verbreiteten Sucht nach einem Eigenheim erliegen. Da müssen sich gelegentlich selbst die Gattinnen von Amtsräten bei einem Eiergroßhändler als Raumpflegerin verdingen, wenn der Hypothekenzins steigt und die Beförderungschancen des Ehemannes auf Null gesunken sind.

Die Erfahrung lehrt: Schon durch seine Bereitschaft zur totalen Verschuldung ist der Beamte der Motor unserer Wirtschaft.

Kündigungsschutz

Da das Beamtenverhältnis kein Arbeits- oder Angestelltenverhältnis sein kann, weil es ein Dienst- und Treueverhältnis besonderer Art ist, gibt es keinerlei Kündigungsschutz. Beamte auf Lebenszeit können auf Antrag entlassen oder aus dem Dienst entfernt werden; der Normalfall ist die Entlassung in den wohlverdienten → *Ruhestand.*

L

Laufbahn

Sämtliche Ämter gehören entweder zum einfachen, mittleren, gehobenen oder höheren Dienst, wobei für die Zulassung zu den Laufbahnen jeweils bestimmte Bildungsabschlüsse, ein Vorbereitungsdienst und das Bestehen einer Laufbahnprüfung gefordert werden. Gewöhnlich wird als erstes Amt das am niedrigsten bewertete Amt der jeweiligen Laufbahn zugewiesen. Innerhalb der Laufbahn sind → *Beförderungen* möglich, wobei immer in das nächsthöhere Amt befördert werden soll. Ist ein Beamter sozusagen am Ende der Beförderungsstange angelangt, ist der Aufstieg in die nächsthöhere Laufbahn möglich, auch wenn der Beamte die allgemeinen Bildungsvoraussetzungen, z. B. Abitur, für diese Laufbahn nicht erfüllt. Damit es im öffentlichen Dienst nicht zur → *Indianersituation* kommt, ist der zu wahrende Anteil der einzelnen Ämter an der Gesamtzahl der Ämter einer Laufbahn vorgeschrieben.

Lebenszeit, Berufung in das Beamtenverhältnis auf

Im Gegensatz zu den Beamtenverhältnissen auf Probe und auf Widerruf schafft die Ernennung zum *Beamten auf Lebenszeit* normalerweise tatsächlich eine lebenslängliche Beziehung, die – im Gegensatz zur nur noch theoretisch auf Lebenszeit angelegten Ehe – im allgemeinen selten geschieden wird. Im Zuge der Bedeutung der → *Entscheidung* für die lebenslängliche Tätigkeit in einem Beruf sowie wegen der hohen Kindersterblichkeit in Deutschland kann die Berufung in das Beamtenverhältnis auf Lebenszeit erst im Alter von siebenundzwanzig Jahren erfolgen; → *Standesbeamte* würden es begrüßen, wenn die Ehefähigkeit gleichfalls an dieses Alter geknüpft würde, wogegen allerdings spricht, daß jeder Verheiratete ohne Schwierigkeiten einen anderen Ehepartner findet, ein Beamter aber nur für den Staatsdienst ausgebildet und zugerichtet wurde, was ihn für andere Partner nach einer Scheidung vom Dienstherrn nur sehr bedingt attraktiv macht.

Die Erfahrung lehrt: Das Beamtenverhältnis ist eine Art Mausefalle, in der die Sicherheit dem Speck entspricht. Sie ist wie dieser sehr knapp bemessen.

Lehrer

Gerade weil sich Kritik am Berufsbeamtentum mit Vorliebe gegen den verbeamteten *Lehrer* richtet und sogar ein Politiker wie der nordrhein-westfälische Kultusminister Hans Schwier (SPD) die Natur der Schule so verkennt, daß er sie von der (privaten) Personalberatungsfirma Kienbaum auf Effizienz überprüfen ließ, ist hier ein deutliches Wort der Klarstellung nötig. Auf die besonderen Belastungen, die mit dem Lehrerberuf verbunden sind, wurde schon bei der Behandlung des → *Erholungsurlaubs* hingewiesen. Zweifellos funktioniert ein freier Rechtsstaat wie ein System kommunizierender Röhren, innerhalb dessen das Verhältnis zwischen Aufwand, d. h. Leistung einerseits und Ertrag andererseits bei allen Erwerbstätigkeiten einigermaßen ausgewogen sein muß, weil sonst niemand freiwillig bestimmte Berufe ergreifen würde. Unbestreitbar setzt der Beruf des Lehrers, selbst an einer Grundschule, im Normalfall das Abitur und ein mehrjähriges Studium voraus. Grund- und Hauptschullehrer werden in Deutschland meist nach der Besoldungsgruppe A12 ezahlt; ihre Bezüge entsprechen jenen eines Amtsrates, der im Regelfall nicht studiert hat.

Wenn zum Studium fähige und bereite Abiturienten überhaupt und trotz der äußerst begrenzten Aufstiegschancen den Beruf des Lehrers ergreifen, so aus reinem Idealismus, der sie aus Liebe zur Jugend und im Hinblick auf die mit dem Beamtenverhältnis verbundene Sicherheit auf die Ausrichtung ihres Studiums für einen besser bezahlten und nervenschonenderen Beruf verzichten läßt. Gerade in einer Informationsgesellschaft kann es nicht genug fähige Lehrer geben, und der Staat dürfte sie bei weiterem Abbau der Beamteneigenschaft des Lehrers alsbald nur noch dann finden, wenn er die Gehälter des nicht mehr beamteten Lehrers derart hoch ansiedelt, daß sie mit denen in vergleichbaren Berufen auf derselben Ebene bleiben.

In diesem Zusammenhang ist es nahezu lächerlich, wenn Politiker den Neid von ihren Abgeordnetengehältern und -pauschalen auf die Lehrer umzuleiten versuchen, indem sie mit ihren vergoldeten Zeigefingern auf jene Freistunden deuten, die manche Lehrer dafür erhalten, daß sie den Schlüssel zur Schulturnhalle verwalten. Wenn wir in Deutschland, → *Österreich* und der Schweiz noch nicht jene 30 Prozent des Schreibens und

Lesens weitgehend Unkundigen registrieren müssen wie etwa in den USA, verdanken wir das weitgehend unserem eindeutig besseren Schulsystem, das die besseren Lehrer schon deswegen hat, weil Beamte die besseren Menschen sind.

Natürlich ist dieses Schulsystem teuer, aber Qualität hat nun einmal überall ihren Preis. Vielleicht muß man dies aber Politikern anders erklären: Mit den Lehrern verhält es sich so ähnlich wie mit den → *Dienstwagen*, und Politiker sind auch in bezug auf die Beamteneigenschaft der Lehrer erst glaubwürdig, wenn sie vom Dienst-Mercedes auf einen Dienst-VW-Golf (ohne GTI am Heck) umgestiegen sind.

Die Erfahrung lehrt: Wo Soldaten Beamte sind und Lehrer keine, sind dem Staat die Waffen wichtiger als die Kinder.

Leistungsprinzip, Bezahlung nach dem

Eine Besoldung nach dem Leistungsprinzip ist für Beamte nicht vorstellbar, weil sie den althergebrachten Grundsätzen des Beamtentums widerspricht. Die Leistung eines Beamten läßt sich nur im sehr einfachsten Dienst, gelegentlich und sehr ausnahmsweise nach Zahl, Maß und Gewicht bestimmen, aber die Qualität eines Beamten läßt sich nach objektiven und nachprüfbaren Methoden genausowenig bewerten, wie Bedeutung, Wichtigkeit und Schwierigkeitsgrad der mit einem Amt verbundenen dienstlichen Aufgaben.

Die Erfahrung lehrt: Wer sich im öffentlichen Dienst besonders anstrengt, ist entweder Idealist oder er hat das System nicht begriffen.

Liebesentzug

Im Falle der Beamten ist zu registrieren, daß hier Liebesentzug, sonst ein auf die Privatsphäre beschränktes psychisches Phänomen, immer mehr auf einen ganzen Berufsstand zu zielen begonnen hat. Die Psychologie lehrt, daß Liebesentzug selten auf Dauer ein einseitiges Phänomen bleibt. Schon gar nicht, wenn seine Ursachen in einem völlig unbegründeten → *Neid, giftgrüner* auf die nur in den Wahnvorstellungen der Nichtbeamten vorhandenen Beamtenprivilegien vermutet werden müssen.

Lohnsteuerjahresausgleich

Da Beamte (unbegreiflicherweise) wie jeder Staatsbürger voll der Einkommensteuerpflicht unterliegen, was von den Beamtenverbänden viel zu selten ins Bewußtsein der Öffentlichkeit getragen wird, können sie wie jeder andere die Durchführung des Lohnsteuerjahresausgleichs beantragen. Dabei sind die Kosten für Fahrten zwischen Wohnung und Dienststelle genauso zu berücksichtigen wie die für Fachliteratur sowie jene für den Mahagoni-Schreibtisch, auf dem der Studienrat in seinem steuerlich zu berücksichtigenden Arbeitszimmer nach dem Unterricht auch noch ständig die kaum leserlichen Diktate und Aufsätze seiner Obertertianer korrigieren muß, weil es zu seinen → *Dienstpflichten* gehört.

Ich kann Ihren Standpunkt einfach nicht verstehen…

M

Managementmethoden, moderne

widersprechen den *Grundsätzen des Berufsbeamtentums, althergebrachten* schon deswegen, weil sie auf dem → *Leistungsprinzip* beruhen und gewöhnlich auf der Konkurrenz zwischen Wirtschaftsunternehmen basieren. Sollen Beamte etwa durch gesteigerte Bemühungen um größeren Umsatz an → *Akten* und damit um einen größeren Anteil ihrer Dienststelle am Markt bemüht sein?

Die Erfahrung lehrt: Moderne Managementmethoden im öffentlichen Dienst sind ein Widerspruch in sich.

Mehrarbeit

liegt immer dann vor, wenn sich ein Beamter über die normale Dienstzeit hinaus auf Anordnung oder mit Genehmigung seines → *Vorgesetzten* in seiner Dienststelle aufhält. Wenn möglich, wird sie durch → *Freizeit* ausgeglichen. Wenn das nicht möglich ist, wird sie vergütet, sofern sie über das einem Beamten zuzumutende Maß hinausgeht. Wobei die → *Besoldungsordnungen* beweisen, daß sich Beamte nahezu alles zumuten lassen.

N

Nebentätigkeit

Grundsätzlich ist jede *Nebentätigkeit* eines deutschen Beamten genehmigungspflichtig, wobei *grundsätzlich* wie immer in der Amtssprache bedeutet, daß es *Ausnahmen* von dieser Regel gibt. Wissenschaftliche, schriftstellerische, künstlerische oder vortragende Tätigkeit bedarf z. B. keiner Genehmigung, jedoch kann auch eine nicht genehmigungspflichtige Nebentätigkeit untersagt werden, wenn der Beamte bei ihrer Ausübung dienstliche Pflichten verletzt. Obgleich bei schriftstellerischer Nebentätigkeit wohl eher an die Kommentare gedacht war, mit denen Beamte die von ihnen in Erfüllung ihrer dienstlichen Pflichten entwickelten Gesetze nebendienstlich erklären, verdankt die Welt dem Beamtentum zahlreiche, wie das vorliegende Werk, hervorragende literarische Arbeiten. Johann W. von Goethe war Minister in Weimar, E. T. A. Hoffmann und Joseph von Eichendorff waren Beamte Preußens. Franz Grillparzer erreichte als österreichischer Beamter den wohlverdienten → *Ruhestand.* Gottfried Keller, Stadtschreiber des Kantons Zürich, versündigte sich lieber an der Literatur als an seinem Dienstherrn, indem er nahezu zehn Jahre lang nahezu ausschließlich für Zürich schrieb. Solche Begabungen wählen heute allerdings bevorzugt den direkten, der modernen Mediengesellschaft entsprechenden Weg in eine beamtenähnliche Situation, indem sie sich von einer öffentlich-rechtlichen Rundfunk- und Fernsehanstalt fest einstellen lassen. In diesem Zusammenhang ist zu beklagen, daß diese Anstalten zwar die einzigen bürokratischen Verwaltungen sind, die Programme produzieren sowie senden dürfen, aber nicht ins Beamtenverhältnis berufen können. Und das, obwohl es gute Gründe für die Ansicht gibt, daß viele Rundfunk- und Fernsehredakteure sogar freiwillig mehr hoheitliche Aufgaben des Staates übernehmen, als sie den Lehrern nachgewiesen werden können.

Neid, giftgrüner

Einem bisher weitgehend unerforschten genetischen oder ansozialisierten psychischen Defekt zahlreicher nicht ins Beamtenverhältnis berufener Menschen folgend, richtet sich ihr Neid keinesfalls auf die von der Industrie an Führungskräfte vielfach gezahlten Millionengehälter, sondern auf die auch in höchsten Besoldungsgruppen vergleichsweise kümmerlichen Dienstbezüge der Beamten und ihre meist auf Lebenszeit erfolgende Berufung. Um es ganz unmißverständlich klarzustellen: Jeder Beamte wäre bei nur annähernd vergleichbaren Bezügen sofort bereit, auf sein *lebenslänglich* zu verzichten, wenn ihm der Staat ähnliche Abfindungen bei vorzeitigem Ausscheiden aus dem Dienst zahlte, wie sie in der Industrie für Leitende Angestellte gang und gäbe sind. Beamte erweisen sich einmal mehr als die besseren Menschen, denn sie beneiden weder die Manager der Industrie, noch die in hohe Staatsämter berufenen anderen Beamten, sondern sie beneiden in der

Regel nur ihren nächsthöheren → *Vorgesetzten* oder ihren nächsten Mitarbeiter, falls dieser in eine höhere Besoldungsgruppe eingewiesen wurde. Daß sie *deren* Dienst mindestens genauso gut verrichten könnten, vermuten sie nicht nur, sondern es ist, dank des *Peter-Prinzips*, vielfach der Fall.

Die Erfahrung lehrt: Menschen wollen immer das, was andere haben und sie nicht. Manager wollen Sicherheit, Beamte mehr Geld und mehr Freiheit.

Nestbeschmutzer, der Beamtenschaft

ist eine wie außerhalb des öffentlichen Dienstes diffamierende Bezeichnung für Insider, die auf Fehlentwicklungen innerhalb ihrer Gruppe hinweisen, die von außen her nicht bemerkt werden können. Aber Beamte *beschmutzen* das Nest nie, sondern wollen vielmehr, daß es wieder sauber wird. Allerdings; auch die Raumpflegerinnen dürften von Küchenschaben und ähnlichem Ungeziefer vermutlich *Nestbeschmutzer* genannt werden.

Die Erfahrung lehrt: Die Nestbeschmutzer der Beamtenschaft sind die Kammerjäger des öffentlichen Dienstes.

O

Österreich, Republik

Die öffentliche Verwaltung der ganzen Welt verdankt diesem von der Vorsehung als Brücke zwischen Bayern und dem Balkan geschaffenen Staat sehr wesentliche Errungenschaften. Die kameralistische Buchführung wäre ohne die den Österreicher kennzeichnende glasklare Logik ebensowenig vorstellbar, wie manche besonders wohlklingenden → *Amtsbezeichnungen*, die in Österreich noch immer besonders liebevoll gepflegt werden, weil sie an die Zeit vor der Schlacht von Königgrätz erinnern, von der sich Österreich noch immer nicht erholt hat. *Hofrat*, das klingt nicht nur viel bedeutender als *Amtsrat*, sondern ist es auch, selbst wenn die k. u. k.-Monarchie auch in Österreich derzeit vorübergehend durch die Staatsform der Republik ersetzt wurde.

Orden, ausländische

vergleiche *Ehrenzeichen*. Die Annahme von *ausländischen Orden* und Ehrenzeichen bedarf der Genehmigung; bei inländischen Orden und Ehrenzeichen geschieht es dennoch höchst selten, daß ein Beamter einen Orden verliehen bekommt, den sein *Vorgesetzter* noch nicht hat.

Ortszuschlag

Da *Dienstwohnungen*, die den Beamten als Teil ihrer → *Versorgung* früher häufig zugewiesen wurden, nur noch in Ausnahmefällen, z. B. für sehr hohe höhere Beamte, verfügbar sind, wird der Anspruch auf Unterkunft quasi durch den *Ortszuschlag* abgegolten. Er richtet sich nach der Größe des Ortes, in dem der Beamte und seine Familie leben, und der Besoldungsgruppe. Auch der Familienstand und die Kinderzahl spielen bei der Bemessung des Ortszuschlags eine Rolle. Wer aus diesem Einbau des Kindergeldes in den Ortszuschlag folgert, Beamte erhielten höheres Kindergeld als Nichtbeamte, denkt unscharf: Beamte erhalten überhaupt kein Kindergeld, sondern eben einen Ortszuschlag.

P

Parkinson, C. Northcote
ist ein englischer Bürokratie-Kritiker, der das Wesen der Bürokratie studierte und in einer Reihe von Gesetzen zu erklären versuchte. Er erkannte richtig, daß sich das Wachstum von Behörden weitgehend unabhängig von der Menge ihrer Aufgaben vollzieht und führte es darauf zurück, daß von zwei gleichrangigen Sachbearbeitern in einer → *Hierarchie* einer nur aufsteigen kann, wenn ein weiterer eingestellt und einer zum Vorgesetzten der beiden anderen wird. Bedauerlicherweise wandte Parkinson vergleichsweise wenig Aufmerksamkeit auf die beschäftigungspolitischen Aspekte des Behördenwachstums. Es kann durchaus im gesamtgesellschaftlichen Interesse liegen, eigentlich überflüssige Ämter zu schaffen. Ein großer Teil auch anderer Arbeitsplätze, die nur durch *Subventionen* erhalten werden, ist gleichfalls völlig überflüssig und existiert nur, um den Staatsbürgern nicht zu viel → *Freizeit* zu verschaffen, mit der Beamte allerdings, wie ihr Verhalten nach vorzeitiger Entlassung in den → *Ruhestand* regelmäßig beweist, zum Nutzen der Volkswirtschaft hervorragend umgehen können.

Die Erfahrung lehrt: Parkinsons Gesetze sind nicht nur die des öffentlichen Dienstes. Die Wirtschaft folgt ihnen nicht minder.

Partei, politische

Das Verhältnis des Beamten zu den *politischen Parteien* ist derart kompliziert, daß es zweifellos eine generelle Erhöhung sämtlicher Dienstbezüge rechtfertigte. Nach dem Grundgesetz wirken die Parteien an der politischen Willensbildung mit. Der Beamte hat im Boden der *Grundordnung, freiheitlich demokratischen* verwurzelt zu sein, muß sich aber bei dieser Verwurzelung vor zu intensiver Verflechtung und Verfilzung mit den gleichfalls im Grundordnungsboden wurzelnden Wurzeln der Parteien hüten, denn die Beamtengesetze sehen vor, daß er sein Amt unparteiisch, d. h. ohne Rücksicht auf die Zugehörigkeit zu einer politischen Partei wahrnimmt. Bei höheren Beamten des Staates besteht die Möglichkeit, sie vorübergehend in den befristeten → *Ruhestand* zu entlassen, wenn sich die Machtverhältnisse im Staat ändern, aber für weniger hohe Beamte ist diese Möglichkeit nicht vorgesehen.

Wirklich befriedigend gelöst haben das Verhältnis zwischen den politischen Parteien und dem öffentlichen Dienst bisher allein die Österreicher, die den → *Proporz* erfanden. Dabei werden alle Ämter von Anfang an proportional an die jeweils den politischen Parteien genehmen Bewerber vergeben. In Deutschland besteht diese Möglichkeit theoretisch nicht. Da wichtige Aufgaben im öffentlichen Dienst aber auch dort von Beamten wahrgenommen werden und sich diese Beamten gewöhnlich im Beamtenverhältnis auf Lebenszeit befinden, können nach Wechsel der im Bund, dem Land und in den Gemeinden regierenden Partei nur die dieser Partei weniger nahestehenden Beamten in weniger wichtige, aber oft besser besoldete Ämter versetzt werden, um Platz für der neu an die Macht gekommenen politischen Partei angehörende bzw. ihr nahestehende Beamte zu schaffen.

Die Ursachen des vielfach nur dem *Parkinsonschen Gesetz* zugeschriebenen Wachstums der Verwaltungen sind häufiger im verständlichen Bedürfnis der Parteien zu suchen, die von ihnen in den gesetzgebenden Körperschaften beschlossene Gesetze auch von Beamten ihres Vertrauens in die Wirklichkeit umgesetzt zu sehen. Dabei verkennt man in den Parteien, daß eine Partei *jedem* Beamten vertrauen kann, was das Verhalten der Beamten im Dritten Reich beweist. Obwohl sich praktisch *jeder* deutsche Beamte, selbst wenn er Mitglied der NSDAP war, während der Nazizeit im Widerstandskampf befand, vollzog er die Gesetze des von dieser *Partei, politischen* geschaffenen Unrechtsstaates pflichtgemäß, wie es das Beamtenrecht von ihm verlangte. Deshalb verwundert nicht, daß diese Beamten nach Ende des *Unrechtsstaates* ohne Unterbrechung bzw. nach nur kurzer Unterbrechung durch ein Entnazifizierungsverfahren ihren unparteiischen Dienst für den neu entstandenen demokratischen Staat weiterführen konnten. Der Fall der Bediensteten des *Unrechtsstaates* DDR stellt sich allerdings gänzlich anders dar: dieser Staat berief seine Bediensteten nicht ins Beamtenverhältnis, und die Geschichte hat bewiesen, wozu das führt: zum Zusammenbruch.

Die Erfahrung lehrt: Einfache Parteimitgliedschaft reicht nicht für die Karriere; der Beamte muß in der Partei aktiv werden.

Immer schön Möhrchen essen, dann werden Sie vielleicht auch so ein alter Hase wie ich!

Personalakten

Jeder Dienstherr führt über jeden Beamten eine *Personalakte,* in der alle den Beamten betreffenden *Zeugnisse, Anträge, Verfügungen,* → *Beförderungen,* → *Dienstaufsichtsbeschwerden* usw. gesammelt werden. Der Beamte ist vor Aufnahme für ihn nachteiliger Behauptungen und Beschwerden zu hören. Er hat das Recht auf Einsicht in seine vollständigen Personalakten, aber macht davon sehr selten Gebrauch. Der Wunsch, die eigene Personalakte zu sehen, wird gewöhnlich als Zeichen der Unsicherheit oder von Zweifeln am eigenen Verhalten gewertet. Überdies weiß jeder Beamte, daß ihm in Wirklichkeit selten die *vollständige* Personalakte vorgelegt wird. Den anonymen Brief der geschiedenen Ehefrau des Beamten entnimmt der Personalsachbearbeiter meistens vor Gewährung der Akteneinsicht, was praktisch nur zu beweisen ist, wenn der Beamte diesen Brief selbst geschrieben und an die Personalverwaltung seiner Behörde gesandt hat, um dem Personalsachbearbeiter eine Verletzung der → *Dienstpflichen* nachzuweisen.

Die Erfahrung lehrt: Ein Personalchef, der nicht über jeden Beamten so viel Informationen besitzt, daß sie jederzeit ein Disziplinarverfahren ermöglichen, erfüllt seine Aufgaben nicht pflichtgemäß und gehört befördert.

Peter, Laurence

ist ein kanadischer Pädagoge, der das *Peter-Prinzip* entdeckte, nach dem in privaten und öffentlichen Verwaltungen jeder so lange aufsteigt, bis er in der → *Hierarchie* die Stufe erreicht hat, mit der Aufgaben verbunden sind, für deren Erledigung er absolut inkompetent ist. Das deutsche Beamtenrecht hat dem Peter-Prinzip schon vor seiner Entdeckung gerecht zu werden versucht, indem es jeden Beamten verpflichtet, seinen → *Vorgesetzten* und bei Zweifeln an dessen → *Entscheidung* den nächsthöheren Vorgesetzten an der Entscheidung zu beteiligen. Diesen die Sicherheit fördernden Bestimmungen ist noch die Überprüfbarkeit von Entscheidungen durch Gerichte zur Seite gestellt, die fehlerhafte → *Verwaltungsakte* aufheben können.

Pflichtstundenzahl
Die regelmäßige Dienstzeit der Beamten ist in den Gesetzen und Verordnungen festgelegt. Über diese Zeit hinaus, die der Beamte in der Dienststelle bzw. im Auftrag oder mit Genehmigung des → *Vorgesetzten* im Außendienst zu verbringen hat, muß er in bestimmtem Umfang unbezahlte → *Überstunden* leisten. Die *Pflichtstundenzahl* der → *Lehrer* ist nicht mit der Unterrichtszeit identisch. Im Gegenteil, wer als Lehrer an einer Realschule oder einem Gymnasium in mehreren Klassen Korrekturfächer unterrichtet, kommt durch die für die Korrektur der Klausuren, für Elternsprechtage und Lehrerkonferenzen sowie für die Begleitung von Klassen bei Schulfahrten aufzuwendende Zeit gewöhnlich auf eine Dienstzeit, die vierundzwanzig Stunden am Tag leicht überschreitet. Grund-, Haupt- und Sonderschullehrer sind besonders durch die Unterrichtsstunden in Klassen überfordert, deren Schüler zwar nur selten erledigte Hausaufgaben mit in die Schule bringen, aber immer häufiger gefährliche Waffen wie Gaspistolen oder

Gameboys, mit denen sie Lehrkörper bedrohen, die sich in letzter Zeit zusehends nur noch mit ihnen verständigen können, wenn sie Türkisch, Polnisch, Russisch oder Arabisch gelernt haben.

Planstelle

Für jede Verwaltungsbehörde wird in einem *Stellenplan* die Zahl der in ihr vorgesehenen Beamten, Angestellten und Arbeiter und deren Besoldung festgelegt. Diese *Planstellen* werden besetzt, wobei der Stelleninhaber Anspruch auf die mit der Stelle verbundenen Dienstbezüge bzw. das mit ihr verbundene Gehalt hat. Die → *Versetzung* eines Beamten in eine besser bewertete Planstelle zieht seine → *Beförderung* nach sich. Auf Dauer können Beamte nicht in Planstellen ohne Aufgabengebiet eingewiesen werden.

Polizei, Beamte der

Es geschieht selbst in beamtenfeindlichsten Kreisen selten, daß *Polizei, Beamte der* um ihre → *Privilegien* beneidet werden, und selbst die schlimmsten → *Neider, giftgrüne* halten sich mit hämischen Bemerkungen über die lebenslängliche Alimentation des Polizeibeamten zurück. Die Ursache dafür dürfte in der Tatsache begründet sein, daß selbst Kriminalmeister schlechter besoldet werden, als Stationsschwestern und Gerichtsvollzieher. Zudem treffen die Polizeibeamten ihre → *Entscheidungen* vielfach in der Öffentlichkeit und genießen durch die Medien, z. B. regelmäßige Fernsehkrimis zur besten Sendezeit, eine ausgezeichnete Öffentlichkeitsarbeit. Es ist schwer begreiflich, daß die Fernsehanstalten, die einzigen bürokratischen Verwaltungen, die über große Sendeantennen verfügen, ihre PR auf andere Gruppen der Beamtenschaft nicht ausdehnen: «Amtsinspektor Möller, Eine Familie überlebt mit Besoldungsgruppe A9», könnte eine Fernsehserie werden, die den Zuschauern die Tränen in die Augen treiben könnte, denn nicht nur für Polizeibeamte bedeutet der *Beamteneid* noch immer das Gelübde der Armut. Viele Polizeibeamte heitern sich bei → *Feiern, dienstlichen* gegenseitig mit der Überlegung auf, daß eigentlich jeder Polizist von Amts wegen ein Schwager des Kaisers von China ist, da er mit der Ordnung verheiratet ist. Die Ordnung ist bekanntlich eine Himmelstochter, während der Kaiser von China der Sohn des Himmels ist. An den geringen Dienstbezügen des Polizeibeamten unterhalb des höheren Dienstes ändert das aber auch nichts.

Die Erfahrung lehrt: Die Zahl der Straftaten wächst in jedem Staate im gleichen Maße wie die Zahl seiner Polizisten.

Privilegien, der Beamten

sind eine bei zahlreichen Nichtbeamten bestehende Fiktion. Angesichts der weitgehend durchgesetzten Verbeamtung der Wirtschaft haben Beamte keine Privilegien mehr. Die Anstellung auf Lebenszeit ist eine Benachteiligung, weil der Beamte nur über sehr eingeschränkte Möglichkeiten der freien Wahl des Arbeitsplatzes verfügt. Wer einmal Beamter ist, kann sich nicht einfach um eine andere Arbeitsstelle oder einen besser bezahlten Arbeitsplatz bemühen. Die Unterbezahlung der Beamten wird deutlich dadurch bewiesen, daß frühpensionierten Beamten, z. B. Offizieren oder Finanzbeamten, in der Regel wesentlich besser bezahlte Tätigkeiten innerhalb der freien Wirtschaft angeboten werden. Selbst die beitragsfreie Altersversorgung kann diese Minderbesoldung nicht ausgleichen, sondern nur geringfügig reduzieren, zumal beitragsfreie Betriebsrenten auch in der Industrie für vergleichbare Tätigkeiten selbstverständlich sind.

Die Erfahrung lehrt: Privilegien sind immer die der anderen; jede Gruppe der Gesellschaft fühlt sich unterprivilegiert.

Proporz
heißt→ *Österreichs* Beitrag zur Gestaltung des Staatsdienstes, mit dem die Alpenrepublik einmal mehr eine Vorreiter-Rolle übernahm. Bei diesem Verfahren wird jedes Staatsamt nach Parteizugehörigkeit besetzt und das, im Gegensatz zu in Deutschland üblicher Verschleierung und Vertuschung, für völlig selbstverständlich erachtet.

Prügelknaben, der Nation
Es ist für den deutschen Nationalcharakter kennzeichnend, daß bestimmte Gruppen der Bevölkerung regelmäßig zu *Prügelknaben, der Nation* gemacht werden, auf die sich der allgemeine Volkszorn richtet, was für die gerade nicht im Zentrum dieses Zorns befindlichen Gruppen eine gewisse Zeit der Entspannung mit sich bringt. Im Obrigkeitsstaat konnte sich dieser Volkszorn nicht offen gegen die Beamten richten, und während des Dritten Reiches wurde er zielstrebig auf andere Bevölkerungsgruppen gelenkt. Im freiheitlichen Rechtsstaat

konzentriert er sich meistens auf die Beamten, die ihre Funktion als Zornableiter allmählich für einen nirgends in den Gesetzen festgelegten Teil ihrer → *Dienstpflichten* halten. Nicht ohne Grund gehen sie davon aus, daß sich auch im Zuge der europäischen Integration relativ wenig an den althergebrachten Grundsätzen des Berufsbeamtentums ändern dürfte, da auch die europäischen Behörden den Beamtenstatus ihrer Mitarbeiter zu schätzen wissen.

Publikumsverkehr

Im Gegensatz zu Künstlern, die sich immer möglichst viel Publikum wünschen, verzichtet der bescheidene und viel weniger eitle Beamte am liebsten gänzlich darauf. Er möchte sich in einer Dienststelle ohne *Publikumsverkehr*, am besten auch ohne Posteingänge und -ausgänge und möglichst unbehindert vom Telefon, gänzlich und uneingeschränkt auf seine Amtspflichten konzentrieren. Dienststellen mit Publikumsverkehr widersprechen dem bescheidenen Naturell des Beamten, der nicht vom Publikum bewundert, sondern nur unauffällig sein Amt wahrnehmen will, derart, daß sie von ihnen gefürchtet sind. Manche verzichten sogar auf eine → *Beförderung*, wenn sie mit der Versetzung in eine Dienststelle mit Publikumsverkehr verbunden ist – es sei denn, sie würden Leiter oder zumindest Abteilungsleiter dieser bzw. in dieser, weil ihnen dann – selbst in Dienststellen mit sehr viel Publikumsverkehr – das Publikum durch Beamte in Ämtern mit niedrigerer Besoldungsgruppe vom Halse gehalten wird.

R

Radfahrermentalität, der Beamten

Aus der Zeit des Obrigkeits- bzw. des Führerstaates, zu der Beamte ihren Dienstherrn unbedingten Gehorsam schuldeten, hat das Bild des Beamten überlebt, der sich innerhalb wie außerhalb des Dienstes wie ein Radfahrer verhalte, da er nach oben ständig einen Buckel machen müsse und nach unten treten könne. Diese Zeit ist vorbei. Der moderne Beamte hütet sich, als → *Vorgesetzter* nach unten zu treten, denn er weiß, daß es Personalvertretungen und Verwaltungsgerichte gibt. Buckelnde Unterwürfigkeit erscheint ihm gleichfalls viel weniger karriereförderlich, als die Aktivität in einer → *Partei, politischen*. (Der bloße Besitz eines Parteibuchs genügt keinesfalls als Aufstiegsmotor, auch wenn das Optimisten immer wieder unterstellen.)

Rechtsmittel

sind eines der Kennzeichen des Rechtsstaates. Gegen *Verwaltungsakte* können *Rechtsmittel* wie *Einspruch*, → *Widerspruch* oder *Beschwerden* eingelegt werden. Wenn die Behörde ihren → *Verwaltungsakt* daraufhin nicht ändert, ist die Klage vor dem Verwaltungsgericht möglich.

Die Erfahrung lehrt: Wer unbedingt Beamter werden möchte, sollte wenigstens Jura studieren.

Ruhestand

Beamte auf Lebenszeit treten normalerweise in jenem Monat in den *Ruhestand,* in dem sie den fünfundsechzigsten Geburtstag feiern. Für Soldaten, Polizei- und andere Beamte, deren →*Dienstpflichten* körperlicher Arbeit gefährlich nahe kommen, gelten andere Regelungen. Davon abweichend ist bei höheren Beamten (gewöhnlich aus politischen Gründen) der einstweilige Ruhestand möglich und bei jedem Beamten, der seine Dienstpflichten nicht mehr erfüllen kann, der vorzeitige Ruhestand. Nach Eintritt in den Ruhestand werden die Beamten und ihre Familien durch *Versorgungsbezüge, zu geringe* unterhalten. Seine →*Amtsbezeichnung* darf der Ruhestandsbeamte, auch in Deutschland, mit dem Zusatz «im Ruhestand» weiterführen; im allgemeinen machen nur Österreicher von dieser Möglichkeit Gebrauch, wenngleich sich viele Ruhestandsbeamte in Deutschland nach Versetzung in den Ruhestand einen Schreibtisch mit möglichst vielen→ *Stempeln* in ein Zimmer ihrer Wohnung stellen und dort den ganzen Tag verbringen.

Vierzig Jahre im Dienst konditionieren Beamte so umfassend, daß sie außerhalb des Biotops öffentlicher Dienst kaum noch lebens- sowie überlebensfähig sind. Meist scheiden sie so still und unauffällig, wie sie lebten, spätestens mit dem siebzigsten Lebensjahr dahin, was den Stellenwert der Pension, auf die sie sich vielfach vom Tage der Berufung an freuen, in einem anderen Lichte erscheinen läßt. Der Beamte selbst hat gewöhnlich wesentlich weniger davon als eine Beamtenwitwe, die nur selten wieder heiratet, jedenfalls keinesfalls einen Nichtbeamten.

Der vorzeitige Ruhestand infolge dauernder → *Dienstunfähigkeit* ist keinesfalls besser. Vorzeitig pensionierte Beamte, Offiziere und Polizisten werden zwar vielfach älter als die bei Erreichen der Altersgrenze in den Ruhestand Versetzten, aber sie sind durch fünfzehn oder zwanzig Dienstjahre vielfach so verschlissen, daß sie in der freien Wirtschaft nur noch ein kleines Zubrot erwerben können, das sehr selten die doppelte Höhe ihrer Versorgungsbezüge überschreitet. Sie grämen sich zu Tode, weil ihnen in der freien Wirtschaft plötzlich bewußt wird, wie schlecht sie der Staat bezahlte.

Die Erfahrung lehrt: Der Ruhestand ist für zahlreiche Beamte der verspätete Beginn eines gelebten Lebens.

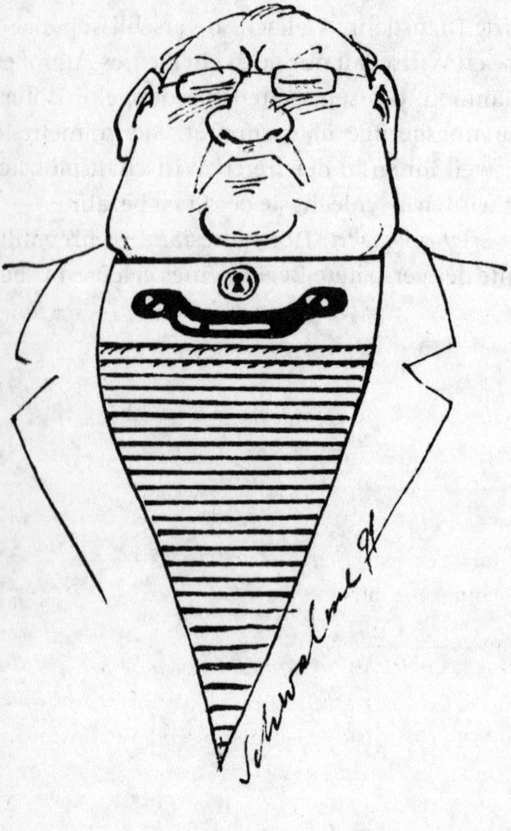

S

Schalter

Beim *Schalter* handelt es sich um eine in eine Mauer gebrochene Durchreiche, hinter der ein Staatsbediensteter → *Entscheidungen* trifft oder Dienstleistungen erbringt, auf die der vor dem Schalter stehende Bürger wartet. Eine völlig antiquierte Form des Umgangs von Behörden mit den Bürgern, und deshalb nur noch bei völlig antiquierten Behörden wie Post, Eisenbahn und Einwohnermeldeämtern sowie Banken und anderen Kassen üblich. Nur wenn der Schalter als Gelddurchreiche benutzt wird, ist er aus Sicherheitsgründen heute noch vertretbar. Wenn es, nach Kurt Tucholsky, der Traum eines jeden Deutschen war, hinter einem Schalter zu sitzen und sein Alptraum, vor einem solchen zu stehen, muß das Wort Schalter heute durch das zeitgemäßere Wort Amtsschreibtisch ersetzt werden.

Schlange, lange, vor Schaltern und auf Amtskorridoren

Sowohl in Supermärkten als auch in Behörden ist eine *Schlange, lange* immer ein Beweis für Überforderung der in diesen Einrichtungen Beschäftigten. Im öffentlichen Dienst ist es zusätzlich eine Geringschätzigkeit gegenüber dem Bürger, der den in der *Schlange, langen* verbrachten Teil seiner Lebenszeit sinnvoller verbringen könnte, als er muß, weil Dienstherren gerade Dienststellen mit viel → *Publikumsverkehr* personell häufig mit zu wenig → *Planstellen* ausstatten, Dienststellen ohne Publikumsverkehr aber mit zuviel.

Schweigepflicht
Zu den → *Dienstpflichten* des Beamten gehört die Amtsverschwiegenheit. Beamte dürfen selbst ihren Ehefrauen, Geliebten, Freunden und Verwandten nicht erzählen, was sie im Dienst über Bürger und deren Angelegenheiten erfahren. Besonders gefordert sind hier Finanzbeamte, denen das Steuergeheimnis eine ganz besondere Verschwiegenheitspflicht auferlegt. An diese *Schweigepflicht* ist selbst der Ruhestandsbeamte noch gebunden. Die Informationsfreiheit der Presse wird durch die Schweigepflicht insofern nicht behindert, daß Journalisten ein Zeugnisverweigerungsrecht besitzen, das es ihnen ermöglicht, ihre Informanten zu schützen. Wenn trotz der Schweige- und Geheimhaltungspflicht der Beamten besonders brisante Schriftstücke regelmäßig auf Redaktionstischen landen, kann es sich nicht um Dienstpflichtverletzungen von Beamten handeln, sondern lediglich um Irrtümer der Bundespost.

Siegel
ist ein zur Beglaubigung von Urkunden und Schriftstücken, anfangs in Wachs oder Siegellack, später direkt auf das Papier gestempeltes Hoheitszeichen, das weniger leicht gefälscht werden konnte als eine Unterschrift. Seit der Verwendung von Stempelfarbe ist es mit Hilfe eines geschälten sowie hartgekochten Hühnereis mühelos von einer Urkunde auf eine andere zu übertragen,

weshalb es auf wirklich wichtigen Urkunden wie Ernennungs- und Beförderungsurkunden für Beamte sowie Geldscheinen meist auf das Papier der Urkunde gedruckt oder in das Papier geprägt bzw. als Wasserzeichen eingegossen ist. Siegel, die auf Urkunden gestempelt werden, enthalten gewöhnlich eine Nummer, an Hand derer festgestellt werden kann, welcher Beamter pflichtgemäß oder pflichtwidrig gesiegelt hat. Die Blütezeit des Amtssiegels war das Mittelalter, und wenn es noch heute vielfach in Behörden verwendet wird, so weil die Beamten derart stark beschäftigt sind, daß sie noch nicht einmal bemerken konnten, daß das Mittelalter inzwischen aufgehört und die Neuzeit begonnen hat. Da Amerika im Mittelalter nur von Indianern besiedelt war, die im Gegensatz zu den Inkas nur sehr selten oder gar nicht siegelten, besteht in den USA ein Siegeldefizit, gegen das dort angesiegelt wird, was die Druck- und Stempelfarbe bzw. das Wachs und der Siegellack hergeben.

Sofort

Sofort bedeutet auch in der Amtssprache *vor* allem anderen. Eine *Sofortsache* ist vor allen anderen Sachen zu bearbeiten. In der Regel sind Vorgänge nicht *sofort* zu bearbeiten, sondern *unverzüglich*, was von sachunkundigen Kritikern der Arbeitsweise von Behörden vielfach mißverstanden wird.

Sonderurlaub

Im Gegensatz zum → *Erholungsurlaub* ist *Sonderurlaub* nur für die Teilnahme an Wahlen, zur Ableistung eines freiwilligen sozialen Jahres oder für Zwecke der militärischen und zivilen Verteidigung zu gewähren. Für gewerkschaftliche Zwecke *soll* er gewährt werden und für fachliche, staatspolitische, kirchliche und sportliche Zwecke, zur Wahrnehmung von Aufgaben der Entwicklungshilfe, für fremdsprachliche Aus- oder Fortbildung und aus persönlichen Anlässen *kann* Sonderurlaub teils mit, teils ohne Zahlung der Dienstbezüge gewährt werden. *Erziehungsurlaub* ist, wie diese Bezeichnung schon besagt, kein Sonderurlaub. Beamte haben auf ihn nur Anspruch, wenn sie Anspruch auf Erziehungsgeld haben.

Sprungprämie

ist die veraltete Bezeichnung für jenen Betrag, mit dem sich der Staat am Unterhalt der unehelichen Kinder eines Beamten beteiligt. Seit rechtlicher Gleichstellung außerehelicher Kinder mit den innerehelichen in der Umgangssprache der Beamten pflichtgemäß nicht mehr gebräuchlich.

Städtepartnerschaften

sind eine von zahlreichen Gemeindeverwaltungen praktizierte Form der Völkerverständigung unter Beamten. Sie erfolgt durch Dienstreisen zum Zwecke gegenseitigen Besuchs, ist für die Bürger der Partnerschaftsstädte meist völlig belanglos und leider die einzige Möglichkeit für Kommunalbeamte, sich wenigstens hin und wieder für ein paar Tage wie Angehörige des Auswärtigen Dienstes zu fühlen. Obgleich Städte in den ärmsten Ländern der Dritten Welt Partnerschaftsstädte am dringendsten gebrauchen könnten, ist eine Partnerschaft mit ihnen selten.

Standesbeamte
sind eine besondere Gruppe von Bediensteten der Gemeinden, die der Gehorsamspflicht gegenüber dem Dienstherrn nur eingeschränkt unterliegen. Selbst der Gemeindedirektor bzw. Bürgermeister kann nicht anordnen, daß sie eine Eheschließung vollziehen, wenn sie es nicht wollen, z. B. weil sie begründete Zweifel an der Ehefähigkeit bzw. geistigen Klarheit eines oder beider Ehewilliger haben.

Stempel
Im Zuge der Rationalisierung ist man im öffentlichen Dienst verhältnismäßig früh dazu übergegangen, regelmäßig erforderliche Handlungen zu mechanisieren. Gummi- oder Metallstempel dienen der Verwaltungsvereinfachung, weil Beamte und Angestellte z. B. ihren Namen sowie ihren → *Titel* nicht jedesmal in Druckbuchstaben unter ihrer Unterschrift wiederholen müssen, sondern darunterstempeln können. Im Bereich der Post und Eisenbahn erleichtern Stempel die Entwertung von Postwertzeichen, Gebührenmarken, Fahrkarten usw. (vgl. auch → *Siegel*)

Streikrecht
Fehlanzeige. Die besondere Dienst- und → *Treuepflicht* des Beamten schließt den Streik als Mittel des Arbeitskampfes aus. Der Staat muß die Beamten wirklich *sehr* enttäuschen, bevor sie zum einzigen Mittel greifen, mit dem sie auf besonderes bitteres Unrecht aufmerksam machen können: dem → *Dienst nach Vorschrift*.

Subalterner Beamter
Herabsetzende Bezeichnung für untergeordnete Beamte niedriger Dienstgrade, die nur Anordnungen ausführen und lediglich dem Bürger welche erteilen dürfen. Die Frage, bis zu welcher Besoldungsgruppe ein Beamter noch als subaltern betrachtet werden kann, hängt von der Stufe des Betrachtenden in der → *Hierarchie* ab. Kein Amtmann hält sich für subaltern, wohl aber den Assistenten oder Sekretär. Für den Staatssekretär ist der Amtmann ein sehr subalterner Beamter, und aus der Perspektive des → *Abgeordneten* ist jeder Beamte subaltern, weil er die vom Parlament verabschiedeten Gesetze in die Lebenswirklichkeit umzusetzen hat.

Die Erfahrung lehrt: Genau betrachtet ist jeder Beamte ohne abgeschlossenes Jurastudium subaltern; bei genauerer Untersuchung wird ein Beamtenstaat als Juristenstaat erkennbar.

Es würde mich sehr wundern, wenn der Chef Ihre Haltung akzeptierte, Herr Kollege ...

T

Titel
ist die mit einem Amte verbundene Bezeichnung, die den Beamten nach seiner eigenen Vorstellung in den Augen von Nichtbeamten aufwertet und bedeutend erscheinen läßt. In Deutschland als Statussymbol kaum noch von besonderer Bedeutung, in Österreich vielfach noch wegen besonderer sprachlicher Schönheit (z. B. Hofrat) begehrt und als Statussymbol etwa so zu bewerten wie eine Limousine der gehobenen Mittelklasse. Besondere Probleme bereitet den Dienstherren der Titel Amtmann, weil er sich schlecht in die nach Einzug von Frauen erforderliche weibliche Form bringen läßt. Amtsinspektorin ist sprachlich ohne weiteres akzeptabel, aber eine Amtmännin klingt wie ein Widerspruch in sich, Frau Regierungsamtsfrau nicht minder. Jede Behörde versucht dieses sexuallinguistische Problem irgendwie zu lösen; am liebsten ist den Amtmänninnen, wenn dieser hermaphroditisch anmutende Titel so schnell wie möglich durch den unproblematischen der Regierungsrätin ersetzt wird, was in Behörden mit Quotenregelung ohnehin meist sehr bald geschieht.

Die Erfahrung lehrt: Wenn man schon als Bayer leben muß, dann am besten als Oberbayer.

Toilettenschlüssel

Da Angehörigen des öffentlichen Dienstes nicht zugemutet werden kann, dieselben Toiletten zu benutzen wie die Bürger, befinden sich in den meisten Dienstgebäuden *Diensttoiletten*, die verschlossen sind und für die sich Schlüssel in Büros befinden. Höheren Beamten wiederum kann nicht zugemutet werden, dieselben Toiletten zu benutzen wie die ihnen nachgeordneten Dienstkräfte. Deshalb befinden sich hinter den Diensträumen von Staatssekretären, Gemeindedirektoren und Fachdezernenten vielfach *persönliche Toiletten*, für die allein sie den Schlüssel besitzen. Da diese Toilettenschlüssel in den Vorschriften des Beamtenrechts nicht erwähnt werden, ist jeder Behördenchef hinsichtlich der Regelung der Toilettenbenutzung weitgehend frei; vielfach erläßt er eine Toilettenbenutzungsanweisung, die der Zustimmung des Personalrates nicht bedarf.

Trennungsentschädigung

Nach Gesetzen und Verordnungen über Reisekosten- und Umzugskostenvergütung werden Beamte, Richter und Soldaten unter bestimmten Voraussetzungen für die Trennung von ihrer Frau und für die Kosten der doppelten Haushaltsführung entschädigt. Wofür die Beamten dieses → *Geld* verwenden, ist unbekannt. Nach Aussage von Liebesdienerinnen treten sie in einschlägigen Clubs vergleichsweise selten als Konsument sexueller Dienstleistungen auf, was durch die Tatsache bestätigt wird, daß sich in der Bundeshauptstadt Bonn ein erwähnenswertes Nachtleben nie entwickeln konnte, was die Entscheidung für → *Berlin, als BH* (Bundeshauptstadt) begünstigt haben dürfte.

Treuepflicht, besondere
Neben Erfüllung der Gehorsams-, besser Folgeleistungspflicht wird vom Beamten auch besondere Treue erwartet, womit nicht mehr (eine *Ehescheidung, des Beamten* ist keine Dienstpflichtverletzung mehr!) die eheliche Treue gemeint ist, sondern die Treue zum Dienstherrn. Genau betrachtet entspricht sie in etwa der Loyalitätspflicht, die auch in jedem qualifizierteren Beschäftigungsverhältnis in der freien Wirtschaft gefordert wird.

U

Überstunden

Beamte müssen in bestimmtem Umfang *Überstunden* leisten, die durch → *Freizeit* oder Bezahlung vergütet werden, wenn sie ein bestimmtes, vergleichsweise geringes Maß überschreiten.

Unfähigkeit

ist ein Begriff, der in den Beamtengesetzen nur in Verbindung mit dem → *Ruhestand* vorkommt. Auf alle Fälle kann ein unfähiger Beamter, wenn er in das Beamtenverhältnis auf Lebenszeit berufen wurde, nicht mehr einfach wegen *Unfähigkeit* entlassen werden. Die Versetzung in den Ruhestand ist jedoch möglich, wenn ein Beamter «wegen Schwäche seiner körperlichen oder geistigen Kräfte zur Erfüllung seiner → *Dienstpflichten* dauernd unfähig ist». Wenn Zweifel an der → *Dienstunfähigkeit* bestehen, ist ein Beamter verpflichtet, sich nach Weisung seiner Behörden ärztlich untersuchen zu lassen, was in der Regel durch einen → *Amtsarzt* geschieht. Wenn der Amtsarzt es für erforderlich hält, muß sich ein Beamter auch beobachten lassen, was durchaus in einer Fachklinik erfolgen kann.

Die Erfahrung lehrt: Beamte machen niemals Fehler. Sie irren sich lediglich manchmal.

Unverzüglich

Dieser Begriff aus der Amtssprache wird von Nichtbeamten häufig mit dem Begriff *sofort* verwechselt, was vielfach zu Irrtümern führt. *Unverzüglich* bedeutet lediglich: ohne *schuldhaftes* Verzögern. Es bedeutet keinesfalls sofort oder mit besonderer Schnelligkeit oder Eile. Wenn also bei einer Behörde ein Antrag nach dem Eingang durch einen → *Eingangsstempel* gekennzeichnet, zu anderen Anträgen gelegt und nach acht Monaten bearbeitet wird, weil er dann an der Reihe ist, wird er *unverzüglich* bearbeitet.

Die Erfahrung lehrt: Es kommt weniger auf die Geschwindigkeit einer Entscheidung an als auf ihre Richtigkeit.

Urlaub

wird Beamten in Form von → *Erholungs-, Sonder-, Erziehungs-, Umzugs-* sowie *Beerdigungsurlaub* nach den entsprechenden Gesetzen und Verordnungen gewährt, wobei auch hier keinesfalls von einem → *Privileg, der Beamten* die Rede sein kann. Jedes Arbeitsverhältnis ist inzwischen ein persönlich bestimmtes Gemeinschaftsverhältnis, und die Fabrikarbeiterin kann genauso der Arbeit fernbleiben, wenn ihr Kind ernstlich erkrankt ist, wie die Beamtin auf Lebenszeit, die lediglich deswegen nicht entlassen werden kann. Da der Beamte während des Dienstes zu einer ungesunden Tätigkeit verpflichtet ist, nämlich einer sitzenden, die seine Bandscheiben schädigt, neigt er im Erholungsurlaub zu gefährlichen Aktivitäten, die dieser einseitigen körperlichen Beanspruchung entgegenwirken sollen. Obgleich er damit seinem Dienstherrn nur seine Dienstfähigkeit möglichst lange erhalten will, macht der ihm vielfach auch noch Vorwürfe, wenn er nach dem Erholungsurlaub mindestens eine Woche und nach jedem Wochenende ein bis zwei Tage benötigt, um sich von diesen körperlichen Anstrengungen zu erholen, von denen ihn sein Amt entwöhnt hat.

Urlaubsgeld
ist eine symbolische Gehaltszulage, die an Beamte gewöhnlich in zwei Raten ausgezahlt wird, die jeweils für eine Tankfüllung Benzin genügen sollen, was infolge der hohen Besteuerung des Benzins nicht der Fall ist.

Also gut, Sie wünschen?

V

Verbeamtung, allgemeine, der Gesellschaft

Durch die Kündigungsschutzbestimmungen sind Elemente das Beamtenrechts inzwischen in das allgemeine Arbeitsrecht übernommen worden. Im deutschen Wohlfahrtsstaat genügt auch für Ausländer das mit unvergleichlicher Zauberwirkung ausgestattete Wort *Asyl, politisches*, um ihnen *Alimentation* im Rahmen des sozialen Netzes zu verschaffen. Im Hinblick auf diese begrüßenswerten Entwicklungen irritiert es die Beamten nicht wenig, daß ausgerechnet ihnen immer wieder → *Privilegien, der Beamten* vorgehalten werden, die es angeblich abzubauen gelte. Das genaue Gegenteil wäre die politisch gebotene Notwendigkeit: Es liegt auf der Hand, daß die Wiedervereinigung Deutschlands und die Entfernung des Eisernen Vorhangs Deutschland und, in geringerem Maße, auch → *Österreich* zum Schauplatz erheblicher sozialer Spannungen machen dürften, die dem Beamtenstatus nahezu den Rang eines beliebten Tonikums verleihen, dessen Hersteller nicht zufällig mit dem Slogan *Nie war er so notwendig wie heute* wirbt. Auch die Tendenz, im Zuge der *Integration, europäischen* den verfassungsmäßig granitierten Beamtenstatus aufweichen zu wollen, erscheint in diesem Zusammenhang nicht unbedenklich.

Verlust, der Beamtenrechte
Im Gegensatz zur weit verbreiteten Auffassung gibt es durchaus Gründe, die zur Entlassung selbst von Beamten auf Lebenszeit führen können. Wer beispielsweise ohne Genehmigung des Dienstherrn seinen Wohnsitz oder dauernden Aufenthalt im Ausland nimmt, weil z. B. ein Beamter des einfachen Dienstes glaubt, von seinen Dienstbezügen nur in Malaysia überleben zu können, wer die Ableistung eines Diensteides verweigert, die deutsche Staatsangehörigkeit verliert oder eine sehr üble Straftat begeht und dabei erwischt wird, verliert gewöhnlich seine Beamtenrechte.

Anmerkung: Trunkenheit am Steuer führt bei Beamten zwar häufig zu → *Disziplinarmaßnahmen*, aber gewöhnlich nur bei Polizeibeamten zum Verlust der Beamtenrechte durch → *Entfernung aus dem Dienst.*

Verpfändung, von Dienstbezügen
Zum großen Kummer zahlreicher total verschuldeter Beamter sind Dienst- und Versorgungsbezüge wie andere Einkommen pfändbar, soweit sie über den allgemeinen Pfändungsgrenzen liegen.

Versetzung
Infolge seines Weisungsrechts kann der Dienstherr einen Beamten innerhalb seiner Behörde weitgehend versetzen, wie es ihm beliebt, wobei nur die Versetzung in eine geringer bewertete → *Planstelle* als → *Disziplinarmaßnahme* nicht willkürlich erfolgen kann. Da es innerhalb der meisten Behörden sowohl beliebte als weniger beliebte Planstellen gibt, stellt die *Versetzung* (neben der

→ *Beförderung* bzw. deren Verweigerung) eine der wenigen Instrumente des Dienstherrn (d. h. seiner Personalverwaltung) gegen Beamte dar, die zwar ihre → *Dienstpflichten* gewissenhaft erfüllen, aber sich (z. B. deswegen oder durch Eintritt in die falsche → *Partei, politische*) unbeliebt machen. In Gemeinden mit CDU-Mehrheit in der Gemeindevertretung sind Beamte, die der SPD angehören, für den nicht besonders beliebten Dienst in Sozial-, Einwohnermelde- sowie Straßenverkehrsämtern auf ähnliche Weise besonders qualifiziert, wie in SPD-Städten Beamte mit CDU-Parteibuch. Wenn sich in solchen Gemeinden die Machtverhältnisse ändern, kommt es in der Regel zu einer Vielzahl von Versetzungen.

Versorgung

Die Versorgung des Beamten im → *Ruhestand* sowie seiner Familie erfolgt nach den zuständigen Gesetzen und Verordnungen. Im Normalfall, d. h. nach Vollendung des 35. bzw. 40. Dienstjahres, beträgt sie fünfundsiebzig Prozent der ruhegehaltsfähigen Dienstbezüge für den Beamten, das Witwengeld beträgt wiederum davon sechzig Prozent. Im Gegensatz zu Altersrenten von der BfA oder den Landesversicherungsanstalten ist dieses Einkommen, abgesehen von einem symbolischen Freibetrag von jährlich rund fünftausend Mark, einkommensteuerpflichtig. Alimentationstheoretisch ist diese Reduzierung des Einkommens eines Ruhestandsbeamten nicht zu vertreten: die bereits kaum angemessene Alimentation des aktiven Beamten wird bei Erreichung des *Ruhestandes, wohlverdienter* weiter reduziert. Das beweist einmal mehr, wie fiktiv die Unterschiede zwischen

Beamtenbesoldung sowie den Gehältern und Löhnen in der freien Wirtschaft sind.

Versorgungslücke

Da Beamte, wenn sie bei Erreichen der Altersgrenze in den → *Ruhestand* versetzt werden, nur fünfundsiebzig Prozent ihrer früheren Dienstbezüge erhalten und Beamte, die vorzeitig pensioniert werden, sogar vielfach noch weniger, leidet jeder Ruhestandsbeamte unter einer *Versorgungslücke,* die er nicht durch private Vorsorgemaßnahmen wie Lebensversicherungen schließen oder verringern kann. Die Dienstbezüge der aktiven Beamten sind derart gering bemessen, daß sie solche Maßnahmen nicht gestatten, will der Beamte den standesgemäßen Unterhalt für sich und seine Familienangehörigen nicht gefährden. Wenn schon die Dienstbezüge ein Leben in Armut bedingen, bedeuten Versorgungsbezüge Verelendung, die Ruhestandsbeamten gerne in oberbayrischen Kurorten und Pensionärsstädten wie Bad Pyrmont vor den besser versorgten früheren Spitzenkräften der freien Wirtschaft verstecken.

Verwaltungsakt

wird in Deutschland jedes Handeln einer Behörde mit Außenwirkung genannt, also jede → *Amtshandlung,* die für Bürger Folgen hat. Rechtsstaaten unterscheiden sich von Unrechtsstaaten vor allem dadurch, daß jeder *Verwaltungsakt* anfechtbar ist. Betroffene können versuchen, sich durch → *Rechtsmittel wie Einspruch* oder → *Widerspruch* und *Klage vor dem Verwaltungsgericht* gegen Verwaltungsakte zu wehren. Untätigkeit einer Behörde ist das Gegenteil von einem Verwaltungsakt. Hier kann der Bürger versuchen, die Behörde durch Beschwerden oder Untätigkeitsklage zur Tätigkeit zu veranlassen.

Vorbereitungsdienst

Die Beamtengesetze verlangen, daß Bewerber vor Verleihung des ersten Amtes einen *Vorbereitungsdienst* ableisten, während dessen man sich ein genaueres Bild davon zu machen versucht, ob der im Vorbereitungsdienst befindliche für das Amt geeignet ist. Gewöhnlich erfolgt während dieses Vorbereitungsdienstes des Beamtenanwärters dessen Ausbildung, die er mit einer Laufbahnprüfung abschließt.

Vorgesetzter

Für einen Beamten ist der ihm in seinem Amte unmittelbar übergeordnete Beamte mit besser besoldetem Amt weisungsberechtigt und damit der unmittelbare *Vorgesetzte.* Seinen dienstlichen Anordnungen hat er ebenso zu folgen, wie den Anweisungen des nächsthöheren Vorgesetzten, der allerdings gewöhnlich auf dem → *Dienstweg* anweist. Begrenzt werden diese Weisungsrechte und Folgeleistungspflichten durch die *Zuständigkeit, sachliche und räumliche.*

Die Erfahrung lehrt: Es ist natürlich, daß jeder Beamte seinen Vorgesetzten haßt, aber er sollte es ihn nicht unbedingt merken lassen.

W

Weihnachtsgeld

Im Gegensatz zu Unternehmen, wo Mitarbeiter vielfach schon ein vierzehntes, fünfzehntes oder gar sechzehntes Monatsgehalt als *Weihnachtsgeld* erhalten, erhalten die Beamten nicht nur keinerlei Erfolgsbeteiligungen, z. B. Provisionen für kassierte Gebühren und Verwarnungsgelder, sondern lediglich ein dreizehntes Monatsgehalt, das auch noch der Einkommensteuer unterliegt. Die Literaturgeschichte verdankt diesem Umstand eines der ergreifendsten Gedichte, dem der Wiener Veterinärrat i. R. Alfons Schnörrgruber seine Unsterblichkeit verdankt:

BEAMTENWEIHNACHT
Der Gabentisch ist gänzlich leer
Die Kinder schauen dumpf einher
Da läßt der Vater einen krachen
Die Kinder fangen an zu lachen
So kann man auch mit kleinen Dingen
Beamtenkindern Freude bringen.

Weiterbildung, berufliche

Die Ausbildung der Beamten erfolgt, soweit nicht eine besondere fachliche verlangt wird, im allgemeinen an Verwaltungsfachschulen und Verwaltungsakademien. Nach Lehrgängen wird eine Prüfung abgelegt, die Voraussetzung zur Berufung in das Eingangsamt ist. Bei einem Laufbahnwechsel ist gewöhnlich ein weiterer Lehrgang mit einer weiteren Prüfung erforderlich. Darüber hinaus hat ein Beamter kaum Möglichkeiten, sich durch Weiterbildungsmaßnahmen, für die er selbst die Initiative ergreift, für besser besoldete Tätigkeiten zu qualifizieren. Dies setzt der Weiterbildungsbereitschaft der Beamten naturgemäß Grenzen; lediglich Finanzbeamte werden nahezu ständig Weiterbildungsmaßnahmen unterzogen, durch die ihr Wissen mit der ständigen Ausweitung des Steuerrechts Schritt halten soll. Das Steuerrecht ändert sich jedoch so schnell, daß Weiterbildungsmaßnahmen grundsätzlich hinter seiner Entwicklung zurückbleiben. Wenn die Sachbearbeiter der Finanzämter den Sinn eines Paragraphen zu erkennen beginnen, wird er sofort durch einen komplizierten ersetzt.

Widerspruch

ist ein → *Rechtsmittel* gegen → *Verwaltungsakte,* z. B. Bescheide und Anordnungen. Betroffene können innerhalb einer bestimmten Frist, über die eine Rechtsmittelbelehrung Auskunft geben muß, gegen → *Entscheidungen* Widerspruch einlegen. Dieser Widerspruch kann schriftlich oder mündlich zur Niederschrift erfolgen, wobei letzteres den Beamten in die von ihm vielfach als unwürdig erlebte Situation bringt, nach Diktat eines Nichtbeamten zu schreiben. Wenn er dies unter fadenscheinigen Ausflüchten verweigert, ist eine → *Dienstaufsichtsbeschwerde* geboten.

Hausmitteilung

X

X-Haken

Im deutschen Recht nicht vorgesehene Möglichkeit, den Staatsbürger durch entsprechende Auslegung einer Vorschrift daran zu hindern, sich auf sie zu berufen. Joseph Heller machte diese in der US-Army übliche Praxis zum Thema seines Romas «Catch 22». Darin können sich Kampfpiloten nach einer Vorschrift im Falle geistiger Verwirrung weigern, ihren Kampfauftrag zu erfüllen. Wenn sich einer jedoch auf diese Vorschrift beruft, wird das als Beweis dafür angesehen, daß er keinesfalls geistig verwirrt ist, denn wäre er es wirklich, könnte er sich nicht auf diese Vorschrift berufen.

Z

Zahnersatz

Im Hinblick auf ihre schlechte Besoldung, sich selten verwirklichende Beförderungshoffnungen, unerfreulich besserwisserische → *Vorgesetzte*, die sie auch noch beraten müssen und die ständigen Angriffe auf ihren Berufsstand knirschen viele Beamte Tag und Nacht leise mit den Zähnen, was zu einer vorzeitigen Abnutzung derselben führt. Wie meistens in solchen Fällen stellt der Dienstherr aber nicht die Ursache dieses bedauerlichen Zahnverschleißes ab, sondern er beteiligt sich an den Kosten des *Zahnersatzes* eines Beamten sowie, wenn die auch zuviel mit den Zähnen geknirscht haben, seiner Familienangehörigen. Wie bei den Dienst- und Versorgungsbezügen erhält der Beamte auch hier nicht, was ihm eigentlich zustände, sondern viel weniger: zwischen fünfzig und siebzig Prozent. Im Zuge des allgemeinen Abbaus des sozialen Netzes dürfte sich auch dieser geringe Anteil noch verringern.

Zuständigkeit

Obgleich er zweifelsfrei dazu in der Lage wäre, kann nicht jeder Beamte über jede Angelegenheit befinden und entscheiden, sondern Gesetze, Rechtsverordnungen, Vorschriften und Anweisungen regeln genau, welche Behörde, welche Dienststelle und welcher Beamter für sie zuständig ist. Dabei unterscheidet man zwischen *sachlicher* und *räumlicher Zuständigkeit.* Für die Erteilung der Genehmigung, z. B. im Keller des Rathauses ein Hallenbad ausschließlich für Beamte des höheren Dienstes zu errichten, ist das Bauordnungsamt sachlich zuständig. Die örtliche Zuständigkeit liegt jedoch ausschließlich beim Bauordnungsamt der jeweiligen Gemeinde, d. h. ein Baurat der früheren Hauptstadt Bonn hat mit Vorgängen in der neuen Hauptstadt → *Berlin* erst dann etwas zu schaffen, wenn er den Dienstherrn gewechselt hat.

Die Erfahrung lehrt: Zuständig sind immer die anderen.

Zwangspensionierung

Wenn ein Dienstherr einen Beamten, z. B. wegen dessen geistiger Verwirrung infolge unzureichender Ernährung wegen zu geringer Dienstbezüge für dienstunfähig hält und sich der Beamte (ein zusätzlicher Beweis seiner geistigen Verwirrung) weigert, seine Versetzung in den → *Ruhestand* zu beantragen, kann der Dienstherr den Beamten auch gegen dessen Willen in den Ruhestand versetzen. *Zwangspensionierungen* sind eine große Seltenheit. Der Autor hat während seiner 35jährigen Dienstzeit nicht eine einzige beobachten können; wo immer möglich beantragten Beamte ihre vorzeitige Versetzung in den → *Ruhestand* und beseitigten, zu spät, vielfach viel zu spät, die Folgen einer verfehlten Berufswahl, mit der sie sich zugunsten der Sicherheit auf niedrigem Niveau gegen die Risiken eines erfüllten Lebens entschieden.

Inhalt